Rolf Pausch
Grafik im vordigitalen Zeitalter

AF209860

Karl Pausch in seinem Atelier 1961

Grafik im vordigitalen Zeitalter

Karl Pausch

Schriftsetzer
Maler
Grafiker

Rolf Pausch

Verlag: BoD ·Books on Demand GmbH,IndeTarpen 42, 22848 Norderstedt
Druck: Libri Plureos GmbH, Friedensallee 273, 22763 Hamburg

Die Deutsche Nationalbibliothek verzeichnet diese Publikation in der Deutschen Nationalbibliografie; detaillierte bibliografische Daten sind im Internet über dnb.dnb.de abrufbar.

ISBN: 978-3-7693-1433-5

Vorwort

Karl Pausch verstarb im August 1996 nach einem – trotz der schweren Zeiten beider Weltkriege – wohl insgesamt erfüllten und zufrieden stellenden Leben im Alter von 86 Jahren. Die letzten 10 Jahre hatte er nach dem Tode von Hedwig Pausch, mit der er fast 50 Jahre verheiratet war, weitgehend allein in seinem Haus gelebt, anfangs sogar noch die eine oder andere fachliche Arbeit gemacht, gezeichnet und seiner Leidenschaft, dem Zitherspiel, gefrönt.

Zwischen der Unmenge an Dingen, die sich in einem familiären Haushalt im Laufe der Jahre ansammeln und die in diesem Falle ein ganzes Einfamilienhaus füllten, galt nach seinem Tode mein besonderes Augenmerk dem künstlerischen Nachlass meines Vaters. Vieles davon erschien mir aufbewahrenswert – zumindest bis es mir meine Zeit erlauben würde, die erhaltenen Archivalien eingehender zu erschließen. Ich hatte in seinen letzten Jahren des öfteren mit ihm darüber gesprochen und ihn gebeten, zwischen der großen Menge von Akten, Gebrauchsmaterialien, Arbeitswerkzeugen und gesammelten Vorlagen vor allem seine eigenen Arbeiten herauszuziehen und zu ordnen. Dies scheint er aber wohl nur halbherzig angegangen zu sein.

So blieb mir bei der Haushaltsauflösung – in dieser Zeit noch selbst voll in das Berufsleben eingebunden – nur die Möglichkeit, nach einer ersten Durchsicht das offensichtlich Unwichtige auszusortieren und den Rest in Kisten und Kästen zu verpacken und im eigenen Dachboden in Köln zu lagern. Immerhin gelang es, eine Auswahl von Arbeiten und Materialien zu fotografieren. 1996 allerdings noch analog und ohne fachgerechte Beleuchtung. Nach dem damaligen technischen Stand sind diese Aufnahmen auf zwei Foto-CDs archiviert, die als Referenz für die vorhandenen Archivalien dienen konnten.

Seit dieser Zeit sind die Materialien gelegentlich noch einmal oberflächlich durchsortiert und die Originale einer angemessenen Lagerung bei Zimmertemperatur und normaler Luftfeuchtigkeit zugeführt worden. Ausgewählte Arbeiten sind auch gerahmt und verschönern die Wohnung bzw. das Haus unserer Familie in der Schweiz.

Ein auffallendes Objekt in dem Nachlass meines Vaters war ein vollständig gezeichnetes Tagebuch aus der Zeit der russischen Kriegsgefangenschaft, das zugleich den Übergang aus seinem Ursprungsberuf als Schriftsetzer und Betriebsleiter einer Druckerei in Stettin vor dem Kriegsdienst zum Neuanfang als selbständiger Grafiker nach der Rückkehr aus der russischen Gefangenschaft widerspiegelt. Auf Anregung meiner Tochter, Sonja Pausch, ist dieses

Büchlein faksimiliert und mit weiterführenden Texten sowie Materialien unter dem Titel

Karl Pausch: *Taschenbuch – In Kriegsgefangenschaft., Leningrad 1947.* Norderstedt 2020 (ISBN 9783751977050)

von mir herausgegeben worden.

Ein Großteil der nachgelassenen Arbeiten und Unterlagen lagerte aber weiterhin ungeordnet in einer Kiste und würde zweifellos bei der Auflösung des eigenen Haushalts, die angesichts meines Alters nicht mehr in unabsehbarer Ferne liegt, der Entsorgung anheim fallen. Aus dem Abstand von mehr als 60 Jahren und bei genauerer Beschäftigung mit einigen ausgewählten Beispielen wurde auch sichtbar, dass ich die Qualität der Arbeiten in jüngerem Alter unterschätzt hatte. Vor allem die Gebrauchsgrafik passte naturgemäß nicht in das Schema der Klassischen Moderne in der Kunst, die uns Jüngere bis in die 1970er Jahre Vorbild war.

Vieles spiegelt im Kleinen auch die technische und wirtschaftliche Entwicklung der frühen Bundesrepublik wider. Es schien daher reizvoll, den Nachlass erneut zur Hand zu nehmen.

In dem Bewusstsein, dass Nachlässe nur dann sinnstiftend weitergegeben werden, wenn sie erschlossen und geordnet sind, ist diese Arbeit nunmehr weitergeführt worden. Die vorliegenden Ausführungen basieren in erster Linie auf den noch vorhandenen Materialien – neben den eigentlichen Werken auch Schriftwechsel, Rechnungskopien, persönliche Dokumente und anderes mehr. Eine besondere Rolle spielen darüber hinaus auch die persönlichen Erinnerungen und Kenntnisse, die sich aus dem familiären Lebenszusammenhang ergaben. Insbesondere in der Jugendzeit bis zum Auszug aus dem Elternhaus war ich unmittelbar in den Arbeitszusammenhang des Vaters eingebunden und wurde regelmäßig zur Mitarbeit bei Routine-Arbeiten herangezogen, zeichnete und verbrachte

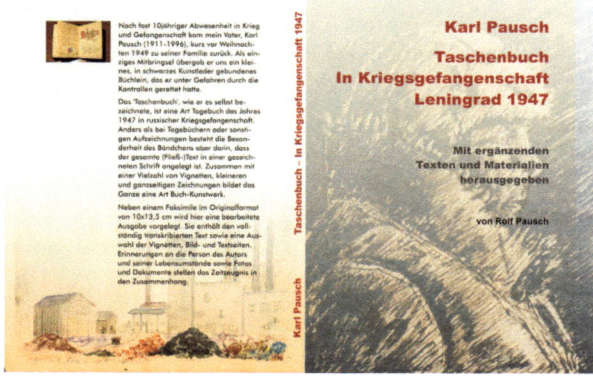

Das 'Taschenbuch' aus der russischen Kriegsgefangenschaft

viele Stunden in der Dunkelkammer. Auch in späteren Jahren konnte ich die Tätigkeit meines Vaters bei den regelmäßigen Besuchen verfolgen

Es soll aber ausdrücklich hervorgehoben werden, dass den hier vorgelegten Ausführungen zur Druck- und Reprotechnik der damaligen Zeit sowie den zeichnerischen Verfahren nur Kenntnisse zugrunde liegen, die aus den Beobachtungen während der Jugendzeit und den später *en passant* gesammelten Erfahrungen und Informationen resultieren.

Die neuerliche Beschäftigung mit dem Nachlass hatte aber auch deutlich gemacht, dass Karl Pauschs Arbeiten einen Berufsstand sowie dessen Arbeits- und Kommunikationsstrukturen repräsentieren, die es in dieser Form heute nicht mehr gibt: Die damaligen Arbeitstechniken und Arbeitsmittel sind durch die Verbreitung der Digitaltechnik obsolet geworden, die veränderten Kommunikationstechniken haben die Art der Zusammenarbeit zwischen den Beteiligten am Gestaltungs- und Produktionsprozess revolutioniert. Das vorliegende Bändchen versucht daher, anhand der konkreten Beschreibung der Arbeitstechniken und Arbeitmittel diesen Umbruch im Detail sichtbar zu machen, der sich seit der vordigitalen Zeit vollzogen hat. Insofern steht das berufliche Leben und Werk Karl Pauschs als Beispiel für einen Prozess, der viele Berufsgruppen und Wirtschaftszweige seit der ubiquitären Verbreitung der Computertechnik grundlegend verändert hat.

Köln, im November 2024   *Rolf Pausch*

Inhalt

**Selbstportrait nach ei-
nem Foto aus den
1930er Jahren | Signet**

Kurz-Vita

Geboren 23.1.1911 in Freising bei München, gestorben 25.8.1996 in Herford/Westf. 1937 Heirat mit Hedwig Busold in Herford. Im September 1939, 14 Tage nach Kriegsbeginn, Geburt des Sohnes Rolf Pausch in Stettin. Ab Januar 1940 Kriegsdienst zunächst in Frankreich, anschließend an der Ostfront, wo er 1945 in russische Kriegsgefangenschaft geriet.

Nach fast 10 Jahren Abwesenheit in Krieg und russischer Gefangenschaft kehrte Karl Pausch als knapp 40jähriger zu Weihnachten 1949 nach Herford zurück. Hier begründete er ein eigenes Atelier und arbeitete als selbstständiger Grafiker bis Anfang der1980er Jahre vornehmlich für die Schokoladenindustrie. Nach schwierigen Anfängen und großer Enge in den frühen 50er Jahren entwickelte sich ein moderater Wohlstand, so dass die Familie 1961 ein eigenes Haus beziehen konnte, in dem dann auch eine adäquate Arbeitsumgebung für das Atelier verfügbar wurde. Es folgten ruhige Berufsjahre mit einer konstanten Beschäftigung für namhafte Hersteller über Großdruckereien sowie eine Reihe von Direkt-Auftraggebern im Herforder Umfeld. Die Beschäftigung über das Rentenalter hinaus lief Anfang der 1980er Jahre allmählich aus. Die auch formalrechtliche Abmeldung aus dem Status des Freiberuflers erfolgte 1984.

Nach dem Tode von Hedwig Pausch 1985 lebte er in beständigem Kontakt mit Freunden seiner Altersgruppe allein in seinem Haus in Herford, wo er 86jährig an der Folgen eine Krebserkrankung verstarb.

Beruf und Leben – Leben und Beruf

Mehr noch als in anderen Tätigkeitsfeldern verbindet sich in künstle-risch-kreativen Berufen die persönliche Lebensführung mit dem beruflichen Alltag. Der Charakter solcher Tätigkeiten lässt es garnicht zu, die Arbeit als reinen Brotverdienst, als notwendige Last zu betrachten, die das 'eigentliche' Leben in der Freizeit finanziell ermöglicht. Die Zufriedenheit über gelungene Arbeit prägt auch die allgemeine Lebenszufriedenheit.

Dies galt zweifellos auch für Karl Pausch (KP[1]). Stets betonte er den kreati-ven Charakter seiner Tätigkeit und betätigte sich freikünstlerisch, wann im-mer es Gelegenheit dazu gab. Bereits in den jungen Jahren, als er noch als Druckerei-Angestellter arbeitete, war ihm das Gestalterische mehr als eine Freizeit-Beschäftigung. Die Überlegung, sich ganz aus der handwerklich ge-prägten Tätigkeit als Setzer zu verabschieden, wird mindestens seit den 1930er Jahren virulent gewesen sein.

Das Ethos des Künstlers steht immer auch für selbstbestimmte Formen der Tätigkeit, die eine bloß mechanische Arbeit nach Anweisung ablehnt. Inso-fern entsprach das abhängige Beschäftigungsverhältnis als Angestellter in ei-nem Druckereibetrieb nicht seiner Mentalität. Die Entscheidung für die Frei-heit der Selbständigkeit bei dem Neuanfang nach der Kriegsgefangenschaft 1950 lag also nahe.

Dennoch war ihm die Attitüde der Bohème fremd, die sich ja oft mit der Vor-stellung vom Leben des Künstlers verbindet. Ein solider Brotverdienst und konstante Lebensverhältnisse nach Wohnsitz und Familie waren ihm selbst-verständlich.

Weshalb es ihn als Bayer nach seiner Kindheit und Jugend in Freising bei München ausgerechnet in das ostwestfälische Herford verschlagen hat, ist nicht mehr zu rekonstruieren. Er hat darüber nicht berichtet, betonte aber stets, dass ihn die ruhige, solide Art der Menschen in dieser Region nahe gestanden habe. In Herford lernte er 1933 auch seine spätere Ehefrau, Hedwig Busold, kennen. Mit ihr bildete er eine bis ins hohe Alter unange-fochten stabile Lebensgemeinschaft. Wäre nicht die rund zehnjährige Abwe-senheit durch Krieg und Gefangenschaft dazwischen gekommen, hätte sich die Familie vermutlich auch über den einzigen Sohn hinaus vergrößert, da

---

1 Das Kürzel 'KP' wurde von Karl Pausch selbst regelmäßig in seinen Texten, insbe-sondere auch als Signatur benutzt. Es sei daher erlaubt, diese Vorgehensweise auch im vorliegenden Text zu verwenden, um die stets umständlichen Konstruktio-nen mit dem vollständigen Namen zu vermeiden

beide Partner aus kinderreichen Familien mit fünf bzw. sechs Geschwistern stammten.

KPs gesellschaftliches Verständnis war den damaligen Verhältnissen entsprechend konservativ: Hedwig Pausch gab nach der Heirat 1937 ihren Beruf als Einrichterin bei dem Herforder Bekleidungs-Unternehmen Leineweber auf und folgte KPs anfänglichen beruflichen Stationen nach Bitterfeld und Stettin, wo sich die junge Familie nach eigenen Aussagen wohlfühlte und unter normalen Umständen langfristig hätte etablieren können.

Die durch den Krieg erzwungene Rückkehr nach Herford in die für Hedwig notwendige Stütze durch das familiäre Umfeld erwies sich dann als dauerhaft und war wohl auch eine entscheidende Hilfe für KPs Neuanfang ab 1950 sowohl in sozialer wie auch in beruflicher Hinsicht.

Die Herausforderung, als 40jähriger eine neue Existenz aufzubauen, der Druck, eine Familie ernähren zu müssen sowie die wirtschaftliche Unsicherheit der freiberuflichen Tätigkeit stellten in den 1950er Jahren für KP eine große Belastung dar. Er reagierte mit den klassischen gesundheitlichen Beschwerden und gelegentlich auch autoritärem Verhalten, das für die beruflichen Anforderungen absolute Priorität vor persönlichen Bedürfnissen der übrigen Familienmitglieder einforderte.

Der Wendepunkt kam Anfang der 1960er Jahre nach dem Bezug des eigenen Hauses mit einer angemessenen Arbeitsumgebung und der wirtschaftlichen Konsolidierung des Geschäftsbetriebes. Zugleich entfiel nach dem Auszug des Sohnes 1960 die Notwendigkeit, dessen Lebensunterhalt und Ausbildung zu finanzieren. Damit ergab sich auch die Perspektive einer sorgenfreien Altersversorgung.

Die 1960er und 70er Jahre bis zu Tode von Hedwig Pausch 1985 waren durch eine zufrieden stellende berufliche Tätigkeit und ruhige Lebensführung mit vielen Reisen geprägt. Anfang der 1980er Jahre, also im Alter von mehr als 70 Jahren, ließ KP die berufliche Tätigkeit auslaufen. Das 'Atelier', sein Arbeitsplatz im Obergeschoss des Hauses blieb dennoch Mittelpunkt seines Tagesablaufs und bestand nahezu unverändert bis zu seinem Tode 1996.

Beruflicher Lebensweg

Lehrzeugnis der Freisinger Druckerei Dr. F. P. Datterer

Karl Pausch war gelernter Schriftsetzer. Die Lehre absolvierte er von 1924-1928 in seiner Heimatstadt Freising. Danach arbeitete er als Akzidenzsetzer in mittelständischen Druckereien in Kulmbach, Herford, Bitterfeld und Stettin bis zur Einberufung zum Kriegsdienst Anfang 1940.

Sein Vater war von Beruf Kunstmaler. Dies war bis zur allgemeinen Verbreitung der Fotografie eine eher handwerklich orientierte Tätigkeit. Brot- und Buttergeschäft war die Portrait- und Landschaftsmalerei. Bilder also, die sich betuchte Auftraggeber in die Wohnung oder in Geschäftsräume hängten. Ansonsten ist über Karl Heinrich Pausch (1874-1953) in der Familie wenig überliefert. Es ist möglich, dass er sich von der Familie getrennt hat. Dennoch scheint dessen Tätigkeit und das Ethos des Künstlers für KPs Berufswahl eine Rolle gespielt

zu haben, wie in vielen Äußerungen durchscheint: In einem Nachweis der 'Fachausbildung als Kunstmaler u. Graphiker' für das Herforder Finanzamt von 1955 schreibt er unter Punkt 1: "Grundausbildung durch meinen Vater (Kunstmaler)". Auch hatte KP Zeit seines Lebens Ambitionen, neben dem Brotberuf freikünstlerische Arbeiten auszuführen und sah hierin einen hohen Wert. Dennoch war ihm

Meisterbrief vom Mai 1934. Die Leitung einer Druckerei, verbunden mit dem Recht, Lehrlinge auszubilden, durfte er erst 'nach Vollendung des 24. Lebensjahres', also 1935, wahrnehmen.

Karl Pausch in der Verlagsruckerei Schencke, Bitterfeld, 1937 (4. v. r.)

aus seiner Familie wohl auch die Bedeutung einer soliden Ausbildung und Tätigkeit bewusst, die eine sorgenfreie Lebensführung ermöglicht und die wirtschaftliche Grundlage für eine eigene Familie bildet. Auch das Vorbild seines Großvaters Ernst Friedrich Pausch (1848-1910) könnte eine Rolle gespielt haben, der von Beruf Schriftsetzer gewesen war.

Karl Pausch absolvierte die vierjährige Lehre als Schriftsetzer bei der Druckerei Dr. F. P. Datterer in Freising. Bereits als 23jähriger – nun Akzidenzsetzer in der Druckerei Heidemann in Herford – legte er vor der Handwerkskammer Bielefeld die Meisterprüfung ab. Bis zum Beginn des Zweiten Weltkrieges arbeitete er in diesem Beruf in verschiedenen Druckereien in Herford, Bitterfeld und Stettin: Nach der Tätigkeit in der Herforder Druckerei Heidemann und dem einjährigen Militärdienst war er 1936-1939 als Meister und Leiter der Setzerei bei der Verlagsdruckerei Schencke in Bitterfeld beschäftigt. Im April 1939 Umzug nach Stettin und Arbeitsaufnahme bei der Buchdruckerei E. Reincke & Völz mit der Perspektive, langfristig die Geschäftsführung von den bereits älteren Eigentümern zu übernehmen.

Die gesamte Tätigkeit von der Lehre bis zum Beginn des Zweiten Weltkriegs war geprägt durch Phasen und Einzelaktivitäten der Weiterbildung im grafischen Bereich – im besonderen an der Bielefelder 'Handwerker und Kunstgewerbeschule' (heute Teil der Fachhochschule) sowie von Bitterfeld aus an der Leipziger Akademie für Graphische Künste

Schöne Arbeit aus der Vorkriegszeit: Kopfstudie von 1936

und Buchgewerbe (heute 'Hochschule für Grafik und Buchkunst Leipzig'). Er entwarf Bucheinschläge, Prospekte, Lesezeichen etc., in denen stets das typografische Element eine zentrale Rolle spielte. Es ist also offensichtlich, dass er von Anfang an über die handwerkliche Tätigkeit als Schriftsetzer im engeren Sinne hinausdachte.

Festzuhalten ist aber auch, dass die Tätigkeit im Druckgewerbe immer auch die *Gestaltung* der Drucksachen beinhaltete, soweit es sich nicht um reinen Brotsatz bzw. die technische Erstellung von Massenpublikationen handelte. Dies änderte sich erst mit dem Aufkommen der Agenturen und vor allem dann der digitalen Revolution seit den 1980er Jahren.

Die bis dahin lineare Berufsweg wurde jedoch unterbrochen, als KP schon im Januar 1940 zum Kriegsdienst eingezogen wurde, stationiert zunächst in Frankreich und anschließend an der Ostfront, wo er 1945 in russische Kriegsgefangenschaft geriet.

Sowohl während des Kriegsdienstes in Felddruckereien und anderen berufsnahen Tätigkeiten wie auch phasenweise und in der Freizeit während der Gefangenschaft in Russland hatte er Gelegenheit, im grafischen Bereich zu arbeiten und sich weiterzuentwickeln. Damit war zugleich eine Privilegierung verbunden, da er kaum im unmittelbaren Fronteinsatz stand und auch für die Zeit der Kriegsgefangenschaft nur teilweise bei schwerer körperlicher Arbeit eingesetzt war.

Selbstportrait als Soldat 1943

Die Überlegung, nicht mehr in den angestammten Beruf als Druckerei-Angestellter zurückzukehren, wird sich während der Kriegszeit und Gefangenschaft verfestigt haben, in der er – wann immer es Gelegenheit dazu gab – künstlerische Arbeiten anfertigte. Das zeigte nicht zuletzt das bereits erwähnte, gezeichnete 'Taschenbuch'. Es wird darüber auch während der Kriegszeit bereits Absprachen der Ehepartner gegeben haben, denn in der allererersten Nachricht, die KP über den vermittelnden 'Roten Halbmond' im Lager erreichte, schrieb Hedwig Pausch in den abgezählt zulässigen Worten: "Alles gesund, es geht uns gut, Wohnung heil, Werkzeug vorhanden!" D.h. das Werkzeug (gemeint ist das Grafiker-Werkzeug) steht als Wert unmittelbar neben Gesundheit und Wohnung.

Auch nach der Rückkehr stand fest, dass die Arbeit als Grafiker am ehesten den damaligen Möglichkeiten wie auch seiner Neigung entsprach. Bereits in den Entlassungspapieren hatte er als Beruf 'Maler und Grafiker' angegeben.

Dennoch war der Einstieg natürlich nicht trivial. Insofern war es hilfreich, für die ersten Jahre bis etwa 1954 als eine Art Subunternehmer mit einem regelmäßigen Auftragsvolumen für das etablierte Herforder Grafik-Atelier August Groppel zu arbeiten und dabei Erfahrungen zu sammeln. Groppel beschäftigte in dieser Zeit jeweils ein bis zwei junge, angestellte Grafiker und suchte für qualifiziertere Arbeiten regelmäßige Unterstützung durch einen freiberuflichen Mitarbeiter. (Heute würde man ironisch von 'festen freien Mitarbeitern' sprechen.) Das Atelier arbeitete für die in Herford reichlich ansässige Schokoladen-Industrie – im besonderen aber für die August Storck KG im nahen Halle/Westfalen, die in den 1950er Jahren zu dem bekannten Großunternehmen der Süßwaren-Industrie expandierte. In dieser Zeit wurden auch die heute noch geläufigen Marken der Firma wie *Storck-Riesen, Merci, Chateau, Campino, Werther's Echte* u.a. entwickelt. Von den dabei reichlich anfallenden Aufträgen für die Gestaltung der Verpackungen, Aufsteller und sonstigen Werbemittel gab Groppel einiges an KP weiter, so dass dieser mit dem Geschäft sowohl von der fachlichen Seite wie auch von der Abwicklung her vertraut werden konnte.

Einvernehmlich mit Groppel akquirierte KP auch eigene Aufträge und wagte um 1954 den Absprung in die vollständige Unabhängigkeit. In dieser Form bestand das 'Atelier' in der beengten und zunehmend unwürdigen Wohnsituation der Nachkriegszeit, bis die Familie 1961 ein eigenes Haus beziehen konnte. Dort gab es nun einen repräsentativen Arbeitsraum und eine Dunkelkammer für fototechnische Arbeiten, die seine Arbeitsweise wesentlich

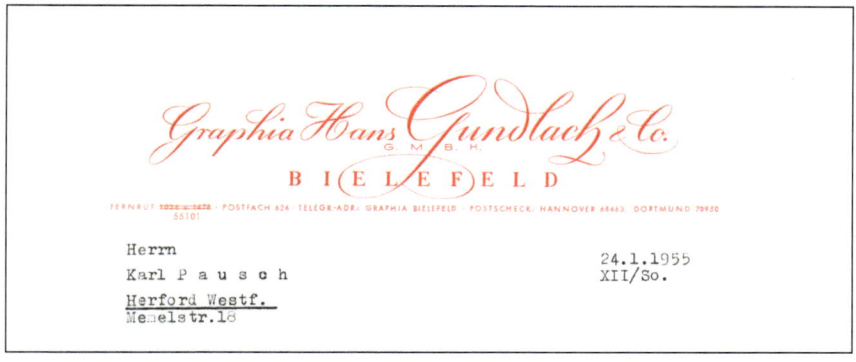

prägte, so dass die Bezeichnung 'Grafisches Atelier' nun auch der materiellen Realität entsprach.

Anfänglich war die Selbständigkeit durch große finanzielle Enge gekennzeichnet, entwickelte sich in der zweiten Hälfte der 50er Jahre aber zu einer

– zwar immer noch mit der Unsicherheit der Selbständigkeit behafteten –
aber im ganzen einträglichen Geschäftstätigkeit mit bescheidenem Wohl-

stand. Es gelang, eine solide Auf-
tragsbasis durch die regelmäßige Arbeit für die Großdruckereien 'Graphia Hans Gundlach' in Bielefeld
und Illert + Ewald' in Hanau sowie
für eine mittelständische Druckerei
'ORO Druck' in Häger bei Bielefeld
aufzubauen. Karl Pausch spezialisierte sich auf Verpackungen und
Werbemittel für die Schokoladen-
und Pralinen-Industrie. Hier arbeitete
er für bekannte Marken wie Wissoll,
Sarotti, Storck, Stollwerck, Lohmann,
Sprengel und andere.

Auf der finanziellen Grundlage dieser Tätigkeit als eine Art Subunternehmer
für die Verpackungs-Industrie hinaus übernahm er regelmäßig auch Di-
rekt-Aufträge von den Herstellern selbst, sowohl in der Süßwaren-Branche
(z.B. Wissol, Karina und Weinrich in Herford) wie auch allgemein für Lebens-

mittel- und Getränke-Hersteller (z.B. Fleischwaren-Hersteller Wilhelm Brandenburg in Timmendorfer Strand, seit 1986 ein Unternehmen
der REWE Handelsgruppe). Über dieses Kern-
geschäft hinaus gab es auch Aufträge aus
dem lokalen und persönlichen Umfeld wie Kataloge, Anzeigen und andere Werbemittel für
Herforder Firmen. Teilweise Gefälligkeitsarbei-
ten wie etwa für die Nordwestdeutsche Philharmonie oder Speisekarten für den Herforder
Ratskeller.

In der 2. Hälfte der 1960er Jahre, ergab sich
eher zufällig ein neues Arbeitsfeld: Die Gestaltung von Grußkarten für eine Spezialdruckerei
auf diesem Gebiet, Firma Heinrich Noth in
Rinteln/Weser. Zwar beschwerte sich KP über
manche Gepflogenheiten dieser Firma, insbesondere Urheberrechts-Verletzungen durch
Weiterverwertung seiner Entwürfe über das ho-
norierte Maß hinaus. Die Arbeit selbst enga-

gierte ihn aber in besonderem Maße, da in diesem Genre sein Spezialgebiet, die individuell gezeichnete Schrift, ein Kernelement der Gestaltung von Gruß- und Trauerkarten ausmacht.

Kap-Antiqua Standard OR-143
abcdefghijklmnopqrstuvwxyz
ABCDEFGHIJKLMNOPQRSTUVWXYZ
1234567890 (&..::!?'""--·*$¢¢%/£)

Die KaP-Antiqua arbeitete KP in fünf verschiedenen Schriftschnitten von *light* über *italic* bis *extended* aus.

Eine späte Anerkennung ab 1975 brachte schließlich ein Wettbewerb, der für die Entwicklung neuer Schriften von der US-amerikanischen Firma *Visual Graphics Corporation (VGC) ausgelobt worden war*, einem Unternehmen, das wie Linotype oder Berthold die Verwendung von Schriften lizensierte.

Karl Pausch gehörte mit der Schrift 'KaP Antiqua' zu den Preisträgern, die von der VGC in den Vertrieb genommen wurde.

Zu Beginn der 80er Jahre ließ Karl Pausch die gewerbliche Tätigkeit auslaufen und gab 1984 seinen Status als Freiberufler auch formal auf.

Das graphische Atelier ab 1950

Die Lebensumstände zu Beginn der 50er Jahre

Die berufliche Tätigkeit Karl Pauschs als Grafiker fällt in die Zeit des wirtschaftlichen Aufschwungs der 1950er bis 70er Jahre, des "Wirtschaftswunders". Der euphemistische Begriff darf aber nicht darüber hinwegtäuschen, dass die Anfänge in den 50er Jahren noch keineswegs von wirtschaftlicher

Prosperität geprägt waren: Die zerbombten Städte waren nur notdürftig wiederhergestellt. Nicht zuletzt wegen des Zustroms der Vertriebenen herrschte Wohnungsnot. Ein nicht unerheblicher Anteil der männlichen Bevölkerung im produktiven Alter war im Krieg geblieben oder als Kriegsversehrte zurückgekehrt. Die Unternehmen der Vorkriegszeit waren teilweise nazi-korrumpiert oder mussten in beschädigten Anlagen

Selbst eine Kleinstadt wie Herford war von den Flächen-Bombardements zum Ende des Krieges nicht verschont geblieben: Die linke Seite der zerstörten Rennstraße ist z.B. erst in den 70er Jahren wieder aufgebaut worden. (Foto: Ilsemann)

produzieren. Neugründungen hatten mit schwierigen Anfängen zu kämpfen, bis sie sich etablieren konnten.

Entscheidend für die weitere Entwicklung war aber wohl ein allgemein einsetzender Optimismus nach dem vollständigen Zusammenbruch und der großen Not der frühen Nachkriegszeit, das "Es-geht-wieder-aufwärts".

Mit der Gründung der Bundesrepublik Deutschland, für die bald das Akronym BRD gebräuchlich wurde, erlangte nicht nur das Staatsgebilde einen Teil der Souveränität zurück, sondern auch die örtlichen Verwaltungen konnten wieder selbständig agieren und die Unternehmen unterlagen nicht mehr der Lizensierung durch das Militärregime der Besatzungsmächte. Es entwickelte sich ein neues Selbstbewusstsein des "Wir-sind-wieder-wer". All dies trug dazu bei, die immer noch schwierigen Verhältnisse zähneknirschend in Kauf zu nehmen und einen Neuanfang zu wagen.

Berufseinstieg als Grafiker

In diese Situation fiel der Neubeginn KPs als Grafiker Anfang 1950, in der auch die Konsumgüter-Produktion und mit ihr die Verpackungsindustrie deutlich expandierte. Zugleich entwickelten sich aus kleinen Anfängen große Unternehmen, wie der bereits erwähnte Süßwaren-Hersteller Storck im ost-westfälischen Halle.

Tierstudien aus dem 'Taschenbuch – In Kriegsgefangenschaft 1947'

Die Dokumente und Arbeiten aus den 30er Jahren sowie der Besuch der Fortbildungsveranstaltungen in Bielefeld und Leipzig lassen erkennen, dass sich bei KP bereits in der Vorkriegszeit der Plan verfestigt hatte, aus der handwerklichen in eine gestalterisch-künstlerische Tätigkeit zu wechseln. Er bewarb er sich sogar noch während Militärdienstes auf einen Studienplatz an der *Staatlichen Akademie für graphische Künste und Buchgewerbe* in Leipzig und erhielt die Zulassung zum Wintersemester 1942/43. Die Freistellung für den Studienaufenthalt wurde ihm von den militärischen Vorgesetzten allerdings versagt.

Der Schriftwechsel mit seiner Familie zeigt ebenfalls, dass sich der Gedanke längst verfestigt hatte, nicht mehr als Angestellter in seinen Ursprungsberuf zurückzukehren.

Sowohl in der Zeit des Krieges wie auch der Kriegsgefangenschaft hatte er sich – wann immer das möglich war – mit diesem Ziel weiterentwickelt. Das erwähnte 'Taschenbuch' aus der Kriegsgefangenschaft zeigt neben einer Anzahl von Aquarellen und Signets auch Tier- und Handstudien, die über das Beiläufige hinaus eine gezielte Weiterbildung dokumentieren.

Allerdings stand 1950 – trotz mancher 'Überbrückungshilfen' und Arbeitslosengeld – zunächst im Vordergrund, den Broterwerb für sich und die Familie zu organisieren, da nach der formalen Entlassung aus dem Militärdienst der bisherige Unterhalt aus öffentlichen Mitteln ja wegfiel. So gab es wohl in der Not auch Versuche, in seinem alten Beruf im Druckereigewerbe wieder Fuß zu fassen. Nach 10 Jahren Abwesenheit und ohne Berufserfahrung als Meister in einem Druckereibetrieb eine angemessene Stelle zu finden, wird aber nicht sonderlich erfolgreich gewesen sein.

Auch ist offensichtlich, dass KP von vornherein eine *selbständige* Tätigkeit anstrebte. Ein Angestelltenverhältnis entsprach nicht seinem Naturell. Auch später blickte er immer etwas herablassend auf Kollegen, die in Unternehmen oder Agenturen beschäftigt waren.

Ein eigener Geschäftsbetrieb beinhaltete jedoch über das Fachliche hinaus weitere Anforderungen: Buchhaltung, Steuermeldung und viele andere bürokratische Angelegenheiten waren zu regeln. Geschäftsdrucksachen mussten erstellt werden und ein Telefon musste her. (Wie bei den meisten Privatleuten gab es in dem einfachen Haushalt der Nachkriegszeit so etwas nicht.) Vor allem aber mussten natürlich Kunden gewonnen und Aufträge akquiriert werden.

Der frühe Arbeitsplatz 1954 mit einer schräggestellten Tischplatte

Immerhin gab es für Spätheimkehrer eine staatliche "Aufbauhilfe (Existenzaufbau)" zur Errichtung eines eigenen Gewerbes, die Pausch Ende 1950 beantragen konnte. Neben der finanziellen Seite bedeutete dieses Ziel aber auch, sich einen Arbeitsplatz einzurichten und Arbeitsmittel zu beschaffen.

Dies war anfangs keineswegs trivial: In der ersten Not[1] musste ein einfacher Arbeitsplatz in einer Ecke des Wohnraums am Fenster ausreichen: Ein alter Tisch mit einer provisorisch schräg gestellten Arbeitsplatte, die notwendigen Kleinwerkzeuge, ein Fundus von Papier und Karton, Farbkästen sowie ein paar Wassergläser und – das wichtigste Utensil – ein großer Aschenbecher, der sich bis zum Abend regelmäßig mit Asche und Kippen füllte.

Auch für die häusliche Arbeitssituation ergab sich nach einiger Zeit eine Verbesserung. Für die Schwester Hedwig Pauschs, die die Rumpffamilie in der Not der Nachkriegszeit aufgenommen hatte, wurde eine Wohnung im Hause ihres Bruders gefunden. Damit wurde für KP endlich ein eigenes Arbeitszimmer frei, in dem noch dazu in einer abgetrennten Nische eine kleine Dunkelkammer für fachliche Fotoarbeiten eingerichtet werden konnte. So entstand ein Arbeitsraum, in dem es – zumindest für damalige Verhältnisse – nicht peinlich war, einen Kunden zu empfangen.

Schwierig war es natürlich auch, Aufträge zu akquirieren. Zumal es KP trotz der Art seiner Tätigkeit zeitlebens schwer fiel, Werbung für die eigene Arbeit zu machen. Es war daher konsequent, in der ersten Zeit als freier Mitarbeiter für das etablierte Atelier des Herforder Grafikers August Groppel zu arbeiten und dabei Erfahrungen zu sammeln.

Anfänglich war die Selbständigkeit durch große finanzielle Enge gekennzeichnet, entwickelte sich in den 60er Jahren aber zu einer – zwar immer noch unsicheren – aber im ganzen einträglichen Geschäftstätigkeit mit bescheidenem Wohlstand. Es blieb aber eine Lücke von fast 10 Jahren in der sozialen Absicherung und Altersversorgung, die nur durch das eiserne Ansparen für das Hauseigentum geschlossen werden konnte.

Das berufliche Umfeld

Möglicherweise wurde KPs zukünftige Spezialisierung durch die anfängliche Zusammenarbeit mit dem Atelier Groppel geprägt. Jedenfalls bildete sich ein langfristiger Arbeitsschwerpunkt bzw. Kundenkreis im Bereich der Süßwaren-, Lebens- und Genussmittel-Industrie heraus. Vor allem Verpackungen und andere Werbemittel für Tafelschokolade und Pralinen entwickelte sich zu einem Kompetenzschwerpunkt. Die reichlich im ostwestfälischen Raum ansässigen Unternehmen dieser Branche bildeten hierfür den Hintergrund, solange die verfügbaren Reise- und Kommunikationsmittel der Nachkriegszeit den regionalen Bezug nahelegten.

---

1 Anzumerken ist allerdings, dass sich die Arbeitssituation vieler Existenzgründungen aus dem Kreis von Vertriebenen, Rückkehrern und Migranten ähnlich gestaltete. Dies wurde auch von Auftraggebern toleriert, die nach Kriegsende zum Teil selbst noch in Provisorien angefangen hatten.

Als Mittler zwischen den Herstellern und den überwiegend freiberuflich arbeitenden Grafikern spielten die Verpackungshersteller bzw. Druckereien eine wichtige Rolle. Neben den etablierten Großdruckereien wie die Bielefelder Graphia GmbH und die Illert & Ewald GmbH, die KP hinzugewinnen konnte, brachten auch Vertriebene aus dem Osten betriebliches Know-how aus ihren Herkunftsgebieten mit. Sie gründeten neue Unternehmen wie etwa

die Firma ORO-Druck, ebenfalls im ostwestfälischen Raum, die Verpackungen und andere Drucksachen vornehmlich für die Lebensmittel-Industrie produzierte. Dies jedenfalls war die Szenerie in der Lebensmittel-Industrie der 1950er bis in die 70er Jahre, bevor sich die größeren Werbe-Agenturen etablierten, die es zunehmend übernahmen, den gesamten werblichen Unternehmensauftritt zu planen und zu gestalten.

> Vergleichbare Entwicklungen spielten sich im übrigen auch in anderen Branchen ab: So spezialisierten sich Grafiker-Kollegen von KP auf Arbeiten jeweils für die in Herford bzw. Ostwestfalen ansässige Textilindustrie (Leineweber, Ahlers, Brinkmann u.a.) sowie die Möbelindustrie (Poggenpohl, Febrü u.a.) Insofern spiegeln diese Zusammenhänge auch Entwicklungen der Industriegeschichte wider. Oft entwickelten sich Neugründungen oder wiederbelebte Firmen aus der Vorkriegszeit aus kleinen, Eigentümer-geführten Betrieben zu großen Unternehmen. Andere wiederum wurden im Zuge der Konzentration von Großunternehmen aufgekauft und blieben nur als Konzernmarke bestehen.

Die Großdruckereien unterhielten eigene Werbeabteilungen und boten den Produzenten die Herstellung ihrer Verpackungen und sonstigen Werbemittel vom Entwurf über die Druckvorstufe bis zum fertigen Druck als Gesamtdienstleistung an.

Die Qualität der Entwürfe, die sie ihren Auftraggebern anbieten konnten, war wiederum Aushängeschild der Druckereien gegenüber ihren Kunden. Dies gab den externen Grafikern, die hochwertige Entwürfe liefern konnten, trotz ihres Subunternehmer-Status' eine starke Position gegenüber den ungleich größeren Druckereien. Man muss sich die Geschäftsbeziehung als ein Art Dreieck vorstellen, die meist durch eine längerfristige Zusammenarbeit geprägt war: Die Hersteller benötigten zugkräftige Verpackungen und andere Werbemittel für ihre Waren; die Hersteller wiederum waren für die Druckereien die umworbenen Kunden, die mit gut gestalteten Druckerzeug-

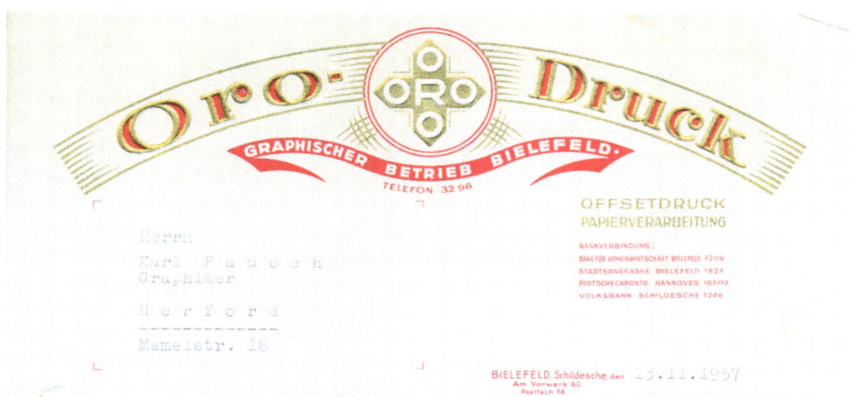

nissen zufrieden gestellt werden mussten. Es kam also durchaus vor, dass sich Druckereien bei Grafikern um Zusammenarbeit bewarben.

So etwa bewarb sich sich 1956 die Bielefelder Firma *Nölle – Werbung – Druck* bei Karl Pausch um Zusammenarbeit mit dem Argument, Drucke auch in kleineren Auflagen im preiswerteren Offset-Verfahren ohne teure Klischee-Herstellung produzieren zu können: "In meiner Abteilung Offsetdruck benötige ich keine Klischees und habe den Vorzug, daß meine Maschinen auch bei kleinen Auflagen von 500 oder wenigen tausend Blatt schon preiswert arbeiten, während die Rentabilität üblicherweise erst bei 25.000 einsetzt." [Schreiben vom 23.3.1956]

Auch die Großdruckerei *Graphia – Hans Gundlach GmbH*, Bielefeld, die für KP ein langfristig wichtiger Auftraggeber werden sollte, trat von sich aus an ihn heran. In einem ersten Schreiben vom 6.10.1954 heißt es: "Ihre Anschrift entnehmen wir dem Fernsprech-Teilnehmer-Verzeichnis. Wir suchen befähigte und leistungsfähige Mitarbeiter zur Anfertigung von Entwürfen für Plakate, Prospekte, Süßwarenpackungen, Faltschachteln, Flach- und Klotzbeutel und zahlreiche andere Druckarbeiten. [...] Für Ihre Nachricht sind wir Ihnen schon im voraus dankbar und empfehlen uns Ihnen in deren Erwartung ..."

Zu bedenken ist, dass für diese Zusammenarbeit noch nicht die heute üblichen Kommunikationsmittel zur Verfügung standen. Neben eher seltenen Meetings waren Telefon und Post die einzige Möglichkeit zur Absprache zwischen den Beteiligten. Und da es ja um visuelle Objekte ging, mussten Entwürfe regelmäßig mit der Post zwischen Auftraggeber und Gestalter hin- und

hergeschickt werden – oft auch versichert sowie per Einschreiben und Eil-
post. Erst in den 80er Jahren wurde der Fax-Dienst gebräuchlich, der we-
nigstens eine näherungsweise Übertragung von Bildvorlagen möglich machte.

Der folgende Auszug aus einem Schreiben der Druckerei Illert+Ewald vom
10.5.1960, bei dem es um die Verpackung von Schokoladen der Marke
Casali geht, mag die umständliche Vorgehensweise solcher Absprachen ver-
deutlichen:

"BETRIFFT: Firma Napoli, Wien – Entwürfe für gefüllte Schokoladen

Als Anlage retournieren wir Ihnen die drei Entwürfe, die Sie für unseren Kunden
angefertigt haben. Es sind folgende Änderungen vorzunehmen:

1.) MANDEL-NOUGAT-Schokolade: Der Casali-Schriftzug ist in jener Schrägla-
ge zu bringen, wie wir das Cellon jetzt auf dem Entwurf aufgeklebt haben. Die
horizontalen Texte sind entsprechend gerade zu richten.

Die Schokolade ist noch zu dunkel und sieht [...]

[...]

3.) WEINBRAND-Schokolade: Es verwirrt zu sehr, daß der Haltegriff von der Flasche sich mit dem CASALI-Schriftzug schneidet. Bitte setzen Sie [...]

Wir bitten Sie, die Entwürfe nach entsprechender Korrektur wieder an uns zu retournieren. Die Angelegenheit eilt sehr, wir bitten deshalb um rasche Erledi-
gung."

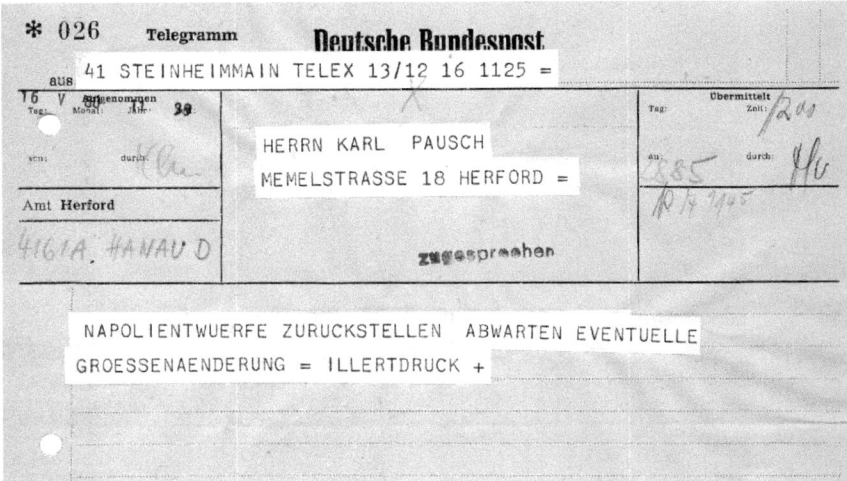

**In eiligen Angelegeneheiten wurde sogar auf das Telegramm als Kommuni-
kationsmittel zurückgegriffen.**

In der Regel ist der Ton solcher Schreiben zur Abstimmung zwischen den Beteiligten jedoch freundlicher. Das Schreiben lässt auch eine sprachliche Unbeholfenheit des Verfassers erkennen.

In dem nachstehend reproduzierten Abschnitt geht es um drucktechnische Fragen, die ein Licht darauf werfen, welchen Einfluss die Entwurfsgestaltung auf die Druckkosten und die technische Verarbeitung der Verpackung hat:

```
Wir haben unseren Kunden davon abbringen können, daß er auf der
Reproduktion von Farbfotos besteht. Unter gar keinen Umständen darf
bei der Reproduktion der Entwürfe von der allgemeinen Schokoladen-
skala abgegangen werden, wie Sie dies vorhatten. Die Motive müssen
jederzeit und unabhängig voneinander auf jeder beliebigen Sammelauf-
lage mitlaufen können. Der Kunde möchte auch fürs erste mit diesen
neuen Artikels gar nicht so groß ins Geschäft einsteigen. Umso weni-
ger, als ihm die Schweizerische Industrie-Gesellschaft, welche den
entsprechenden Verpackungsautomaten liefert, ausdrücklich immer wie-
der bei Maschinenlieferungen darauf hinweist, daß sich die Kunden
anfangs mit Einschlägen und Banderolen nicht zu reichlich eindecken
möchten, weil immer noch mit den einen oder anderen Änderungen gerech-
net werden muß.
```

Eine kaum zu unterschätzende Bedeutung hatte in diesem Zusammenhang die Mobilität durch ein eigenes Auto. Selbst gelegentliche Besuche bei entfernteren Auftraggebern waren mit öffentlichen Verkehrsmitteln kaum zu bewältigen oder jedenfalls so umständlich und zeitraubend, dass sie sich meist auf ein einmaliges persönliches Kennenlernen oder vielleicht einen jährlichen Besuch beschränkten.

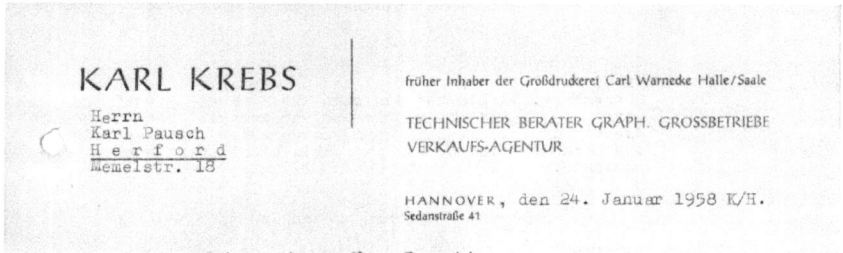

Der Repräsentant Karl Krebs war für Pausch zeitweilig ein wichtiger Partner bei der Abwicklung von Aufträgen mit der Großdruckerei Illert+Ewald in Steinheim/Main

Eine wichtige Rolle spielten daher sogenannte Repräsentanten, die – zumeist ebenfalls selbständig – mit eigenem PKW herumreisten und Aufträge vermittelten. Die Repräsentanten ware oft Branchen-Kenner, so dass sie Details von mitgebrachten Vorlagen oder Entwürfen mit den Beteiligten beratend

28   Karl Pausch | Schriftsetzer Maler Grafiker

durchsprechen konnten. Karl Krebs, der vor dem Kriege selbst Eigentümer einer Großdruckerei (Warnecke in Halle/Saale) gewesen war, besuchte KP regelmäßig im Zusammenhang mit Aufträgen und wurde von ihm wegen seiner Fachkompetenz geschätzt

Auch Messebesuche waren zweifellos von größerer Bedeutung als heute. Sowohl für die allgemeine Information, die Akquise neuer Kunden wie auch für die Möglichkeit, die Beteiligten an der laufenden Zusammenarbeit persönlich zu treffen. KP fuhr daher regelmäßig zur Internationalen Süßwarenmesse(ISM) sowie zur ANUGA nach Köln.

Gegenüber den deutschlandweit agierenden Unternehmen bot andererseits die Zusammenarbeit mit lokalen Firmen den Vorteil der kurzen Wege, der regelmäßigen persönlich Absprache und des raschen Hin und Her der Entwürfe und Druckmuster ohne den umständlichen Postweg. Die in Herford zu dieser Zeit reichlich vorhandene Schokoladen-Industrie (Weinrich, Eickmeyer & Gehring, Karina u.a.) sowie deren Zulieferer boten für den auf Schokoladen-Verpackungen spezialisierten Karl Pausch eigentlich ein reiches Betätigungsfeld. Dass dies erst in späteren Jahren eine größere Rolle spielte, hängt vielleicht damit zusammen, dass Karl Pausch in den frühen 1950er Jahren ja zunächst am Tropf des etablierten Grafik-Ateliers Groppel hing. Dessen Auftraggeber wiederum hatten ihren Sitz überwiegend im Bielefelder Umfeld. Nach dem Abkoppeln in die vollständige Selbständigkeit versuchte Pausch zwar, auch in Herford Aufträge zu akquirieren, war aber hier zunächst Newcomer in einer etablierten Szene.

Die Anschaffung eines eigenen PKW 1956 (KP musste ja als über 40-jähriger zunächst einen Führerschein erwerben) erweiterte den Nahbereich für Akquise und regelmäßige persönliche Besprechungen in die Region. Zentrale Auftraggeber im alltäglich erreichbaren Umfeld wurden daher die Bielefelder Großdruckerei Graphia Hans Gundlach, der August Storck- Konzern in Halle/Westf. und die Firma ORO-Druck in Häger am Teutoburger Wald.

In der zweiten Hälfte der 50er Jahre stabilisierte sich der Geschäftsbetrieb: Angesichts der Verbesserung der allgemeinen Lebensverhältnisse im Zuge des 'Wirtschaftswunders' wurden aber die Arbeits- und Wohnverhältnisse in der engen Mietwohnung an der kleinbürgerlichen Memelstraße zunehmend unwürdig. Diese entsprach auch nicht mehr dem sozialen Umfeld, in dem man sich nunmehr bewegte. Versuche, eine angemessene Wohnung mit Arbeitsräumen zu finden, scheiterten an der immer noch herrschenden Wohnungsnot.

Sichtbar war auch das Problem geworden, in der verbleibenden Zeit der Berufstätigkeit eine hinreichende Altersversorgung über die Rentenversicherung

aufzubauen. Klassische Versicherungsbeiträge würden angesichts der 10jäh-
rigen Militär- und Gefangenschaftszeit sowie sowie der anschließenden Frei-
beruflichkeit nicht ausreichen.

Durch eisernes Ansparen im Rahmen der in den 1950er Jahren aufgelegten
Wohnungsbau-Programme konnte dann ein klassisches Einfamilienhaus in
einer schön gelegenen Siedlung an Stadtrand errichtet werden – eine Lö-
sung zugleich für die unwürdige Arbeits- und Wohnsituation ebenso wie für
das Problem der Altersversorgung.

**Im rückseitigen, nach Süden ausgerichteteten Teil des Obergeschosses, durch
ein Dachfenster erhellt, befand sich das Atelier.**

Stabilisierung der Verhältnisse

Anfang 1961 konnte das Haus am Haselweg bezogen werden, das nun
auch mit dem Atelier und einer Dunkelkammer im Keller angemessene Ar-
beitsräume beherbergte. Damit war das Atelier etabliert und auch die Lebensverhältnisse der Familie stabilisiert.

Schon zum Richtfest waren einige Geschäftsfreunde eingeladen. Die hier
wiedergegebene Mitteilungskarte strahlt die Freude über die neue Ar-
beits-"Atmosphäre" aus. Im Text der Doppelkarte heißt es:

"Die Atmosphäre neuer Räume, in landschaftlich reizvoller Umgebung, öffnet
dem Künstler den Blick für neue Ideen und gibt ihm frische Impulse zu schöpferi-

schem Gestalten. Bei der Formgebung von Werbungs- und Verpackungsmitteln ist dies von ausschlaggebender Bedeutung, 'den Blick frei zu haben', für die Grundbegriffe der Werbung: **Größtmögliche Verkaufskraft – bei Schönheit und Gediegenheit**. Bitte besuchen Sie mich im neuen Hause oder rufen Sie an unter der Nr. 2885" [Hervorhebung im Original]

Die Mitteilungskarte über die Aufnahme des Geschäftsbetriebs in den neuen Räumen spiegelt den Stolz über das Erreichte wider.

Die anschließenden 60er und 70er Jahre zeichneten sich durch eine ruhigen Geschäftsbetrieb mit guter Auftragslage und ordentlichem Einkommen aus. Auf der soliden Basis der Aufträge durch die Großdruckereien und andere Hauptauftraggeber konnten immer auch einmal interessante Nebenaufträge eingeworben werden. So kamen erst in den 60er Jahren auch Herforder Auftraggeber in nennenswertem Umfang hinzu. Es war zu beobachten, dass hierbei die Vernetzung in der Herforder 'Gesellschaft' eine Rolle spielte, in der damals eine bürgerliche Schicht von Geschäftsleuten, Selbständigen und etablierten Akademikern tonangebend war – nicht gerade das Ursprungsmilieu der eigenen Familie.

Man bemühte sich aber, Eingang in diese Gesellschaftsschicht zu finden, die in einer Kleinstadt wie Herford eine tragende Rolle für das kulturelle Leben spielte. Dies ergab sich durch die Mitgliedschaft im Chor der Nordwestdeutschen Philharmonie, einem überregional agierenden Sinfonie-Orchester, das in der Nachkriegszeit seinen Sitz eher zufällig in Herford erhalten hatte. Wenngleich die Mitgliedschaft in diesem durchaus hochkarätigen Chor eher dem musikalischen Interesse entsprungen war, ergaben sich daraus auch geschäftliche Verbindungen für Karl Pausch.

Allerdings bemühte sich KP auch unabhängig von solchen Kontakten um Auftraggeber in Herford. So kam 1955 die langfristige Zusammenarbeit mit der Druckerei *August Kaufmann, Graphische Kunstanstalt KG,* zustande, die allerdings vom Auftragsvolumen her weniger bedeutend war.

> Kuriosität am Rande: Der Inhaber der Druckerei, August Kaufmann, pflegte Pauschs Rechnungen (persönlich) mit Bargeld zu bezahlen. Ein Schelm, wer Böses dabei denkt.

Im Firmentitel regelmäßig verankerten Bezeichnungen wie 'Graphia' (Gundlach), 'Graphische Kunstanstalt' (Carl Schmidt, Kaufmann) signalisierten, dass sich die Unternehmen nicht als reine Druckdienstleister verstanden, sondern – wie oben bereits angemerkt – ihren Auftraggebern die gesamte Wertschöpfungskette vom Entwurf bis zum fertigen Druck anboten. Eigentümer bzw. Geschäftsführung pflegten das prestigeträchtige Image der Nähe zu Kunst und Kultur. Allerdings ist auch festzuhalten, dass die Produktion von

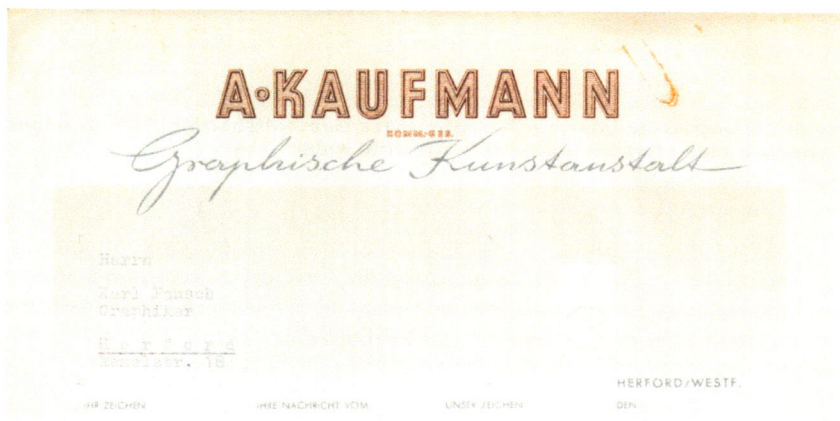

Verpackungen im Unterschied zum Druck von Zeitungen, Zeitschriften oder sonstigen einfachen Druckerzeugnissen gestalterisch und drucktechnisch ungleich aufwendiger und anspruchsvoller ist. Es werden höherwertige Papier- bzw. Kartonsorten, Falt- und Klebetechnik sowie Sonderverfahren wie Lackierungen, Prägungen, Bronzierungen u.ä. Techniken eingesetzt, die besondere Ansprüche an die Herstellung von Entwurf bis zur Drucktechnik stellen.

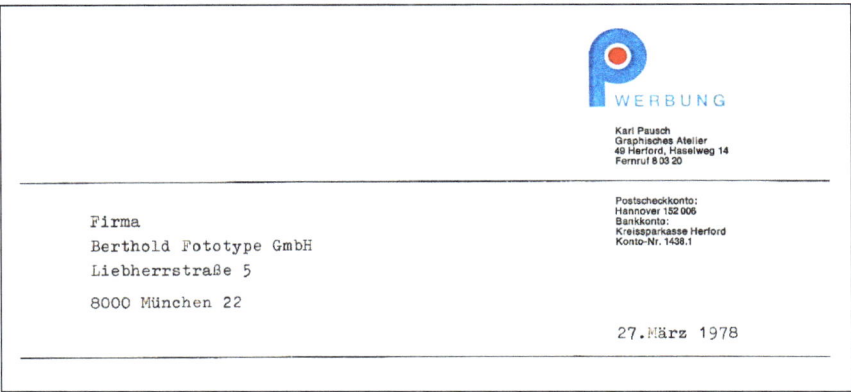

WENDT GROLL G·M·B·H HERFORD

Herrn
K. Pausch
Gebrauchsgraphiker

Herford

Haselweg 14

Buchdruckerei · Buchbinderei
Büro-Organisation und -Bedarf
Feinmechanische Werkstätte

Auch die Firma Wendt Groll GmbH gehörte zu den Unternehmungen, die ihr Know-How aus den ehemaligen Ostgebieten mitbrachten und in den Wirtschaftswunder-Jahren expandierten: Anfänglich ein lokales Fachgeschäft für Büroartikel in Herford entwickelte die Firma sich als Buch- und Kunstdruckerei, für die auch KP des öfteren Aufträge übernahm.

Geschäftsbetrieb

Es darf nicht vergessen werden, dass das Betreiben eines Ateliers als selbständiger Grafiker auch eine organisatorische, kaufmännische und bürokratische Seite hat. Über die fachliche Arbeit hinaus setzte dies Kenntnisse und

WERBUNG

Karl Pausch
Graphisches Atelier
49 Herford, Haselweg 14
Fernruf 6 03 20

Postscheckkonto:
Hannover 152 006
Bankkonto:
Kreissparkasse Herford
Konto-Nr. 1438.1

Firma
Berthold Fototype GmbH
Liebherrstraße 5

8000 München 22

27. März 1978

Briefbogen aus den 1970er Jahren

Erfahrungen voraus, die zwar auch Gegenstand der Ausbildung zum Meister gewesen waren, die sich KP aber als 40-Jähriger zweifellos noch einmal neu erarbeiten musste.

Wie schon erwähnt waren Telefon und Auto unabdingbare Hilfsmittel, die anteilig dem Geschäftsbetrieb zugeordnet und in diesem Umfange auch steuerlich geltend gemacht werden können. Weiterhin benötigte man Geschäftsdrucksachen vom Briefpapier bis zur Visitenkarte. Diese Drucksachen entwarf KP natürlich selbst und ließ sie in einer befreundeten Druckerei herstellen.

Kurioserweise quälte er sich bei jeder Art von Eigenwerbung regelmäßig furchtbar, obwohl etwa die Erstellung solcher Drucksachen sein ureigenster Kompetenzbereich war und er für fremde Auftraggeber hervorragende Arbeit leistete.

Auch 'weiche' Qualifikationen für eine erfolgreiche Geschäftsführung als Selbständiger musste Karl Pausch sich aneignen: So etwa Verhandlungstechniken bei geschäftlichen Besprechungen, das stilgerechte Führen von Ge-

```
Karl Pausch
Kunstmaler und Graphiker          Herford, den 30.9.1955
Hefford, Memelstraße 18            Fernruf 2885
II - 62/182


An das
Finanzamt Herford
H e r f o r d
Wittekindstraße

Betr.: Nachweis meiner Fachausbildung als Kunstmaler u.Graphiker
Bezug: Schreiben des Finanzamtes v.24.9.1955

1. Grundausbildung durch meinen Vater (Kunstmaler)
2. Mehrjähriger privater Zeichenunterricht am Realgymnasium in
   Freising bei München durch Professor A.Illinger
3. Fachausbildung im Druckerei-Großbetrieb und Verlag Dr.F.P.Datterer
   & Cie. Freising-München
4. Abendunterricht durch den Kunstmaler und Schriftkünstler L.R.Spitzen-
   pfeil in Kulmbach
5. 2 Semester Abendunterricht und 3 Monate Tagesunterricht an der
   Kunstgewerbeschule in Bielefeld
6. 2 Semester Abendunterricht und 1 Semster Wehrmachtsstudium an der
   Akademie für Graphische Künste in Leipzig
   Die schriftlichen Unterlagen liegen z.T.vor und könnten im Original
   eingesehen werden. Ein Teil ist durch den Krieg, fünfjährige Kriegs-
   gefangenschaft in Rußland und den Verlust meiner Existenz in
   Stettin während des Krieges verlorengegangen.

Als praktischer Nachweis für meine Tätigkeit als Kunstmaler u.Graphiker
ist die künstlerische Gestaltung von Packungen der Firmen Stollwerck,
Sarotti, Woldbaur, Asbach und Farina und die laufende künstlerische
Mitarbeit bei den Graphischen Großbetrieben Graphia, H.Gundlach, Biele-
feld anzusehen. In verschiedenen Wettbewerben bin ich als Preisträger
ausgezeichnet worden.
```

Künstler-Nachweis von 1955. Vorher hatte sein Hauptauftraggeber, August Groppel, für den er anfangs als eine Art Subunternehmer arbeitete, eine Bestätigung über die Art der Tätigkeit geschrieben.

schäftskorrespondenz, Preisgestaltung, Rechtsgrundlagen für die Form des Geschäftsbetriebs als Selbständiger, Buchführung u.v.m.

Einkommen und Steuer

Ein wesentlicher Aufwand entstand auch durch die steuerrechtliche Seite des Geschäftsbetriebs. Zwar genießen Freiberufler bei der steuerlichen Behandlung Privilegien, da sie nicht gewerbesteuerpflichtig sind und ihren Gewinn durch eine einfache Einnahmenüberschussrechnung ermitteln konnten. Dennoch ist auch dies mit einem erheblichen Aufwand verbunden:

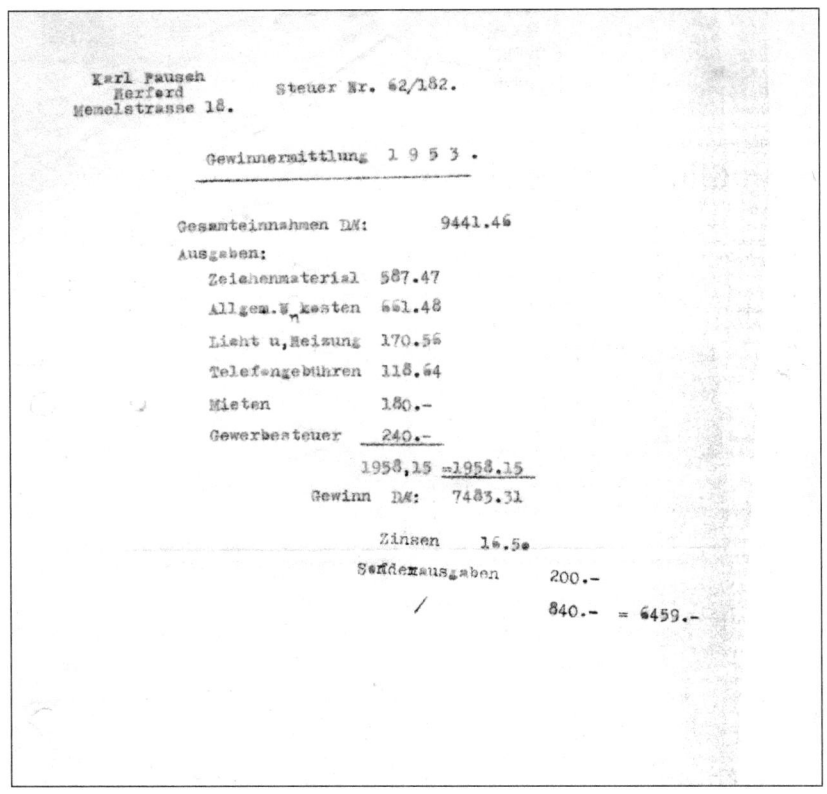

Gewinnermittlung von 1953

Mehrfach musste der Nachweis erbracht werden, dass es sich bei dem Betrieb des Ateliers nicht um eine 'gewerbliche', sondern um eine künstlerische Tätigkeit handelte. Belege über betriebliche Ausgaben und Einnahmen mussten das ganze Jahr gesammelt, geschäftliche Fahrten mit dem Auto penibel in einem Fahrtenbuch notiert werden, Geschäftskonten unterhalten, Reisekosten belegt werden und vieles andere mehr. Die Einzelheiten für Ge-

```
Karl Pausch, Haselweg 14, 49 Herford              St.Nr.372/1048


                B i l a n z  z u m  3 1 . 1 2 . 1 9 7 9

Aktiva:                    DM        Passiva:                    DM

I.Anlagevermögen                     I.Eigenkapital

   Inventar                             Kapital
   1.1.        1.-                      1.1.      23.279.48
   Zug.                                 Privat    16710.80
   AFA         -          1.-           SonderA.    132.80
                                                   6.436.68
   Pkw.    3.426.20
   Zug.       -                         Gewinn   16.451.74     22.888.42
   AFA     2.284.70    3.426.20

II.Umlaufvermögen

   Debitoren        4.654.05
   Kasse             15.-      815.87
   Bank            13.012.75
   Postsch.Kto.       978.55


                22.888.39                                      22.888.42
                22.888.42


        G e w i n n - o d e r  V e r l u s t r e c h n u n g

Aufwand              DM              Ertrag                  25.654.00
                                                             27834.38
   Gew. w.Wirtschafts-üter 967.83    Erlöse                  25.557.83
   Hilfs- u.Betr.Stoffe   257.79     Zinsen                     73.45
   Strom/Gas/Wasser/Kanal 1.309.-    Priv.P.W.Nutzung 660.-
   Steuern               1.255.08
   Zeichen/Fotomaterial   934.37
   Allgemeine Unkosten    708.-
   Fernsprechgebühren     473.72
   PKW.Brennstoffe        200.60
    "  Reparaturen         17.50
    "  Unkosten            80.45
    "  Steuern            187.20
    "  Versicherungen     499.20      884.95
   AFA Inventar            -
   AFA Pkw.             2.284.70
   G e w i n n        16.451.74    J269.65


                25.587.83                                   25.587.83
```

Die Bilanz zum 31.12.1969 ist schon wesentlich komplexer. Bei den handschriftlichen Einträgen handelt es sich vermutlich um Korrekturen, die im abgesandten Original maschinenschriftlich vorgenommen worden sind, die aber in dem Durchschlag nicht vollständig durchgedrückt wurden.

winnermittlung und Steuererklärungen wurden damals noch handschriftlich in besonderen Durchschreib-Formularen zusammen gestellt. Zu bedenken ist, dass es noch keine privaten Kopiergeräte für solche Zwecke gab. Korrespondenz und Rechnungen wurden – oft mit mehreren Durchschlägen – auf der Schreibmaschine getippt. KP bearbeitete seine Olympia hierbei mit atemberaubender Geschwindigkeit im Zweifinger-System.

Immerhin, die eigentliche Gewinnermittlung als Essenz der zusammengetragenen Belege und Unterlagen war noch relativ einfach. Sie passte zwar nicht auf einen Bierdeckel aber immerhin noch auf ein einzelnes Blatt Papier. Die beiden hier wiedergegeben Beispiele von 1955 und1979 lassen aber bereits die zunehmende Bürokratisierung in diesem Bereich erkennen.

Die nachstehende Übersicht zu den Einkünften in ausgewählten Jahren ist zwar den formell eingereichten Steuererklärungen entnommen. Die Zahlen lassen sich aber nur mit Vorsicht interpretieren, da für die wirtschaftliche

Jahr	Gewinn/Jahr	Kaufkraftäquvalent 2020
1955	7.499,- DM	16.612.- €
1961	18.221.- DM	42.273,- €
1970	26.300,- DM	48.392,- €
1979	26.587.- DM	31.373, €
1983	6.393.- DM	6.212.- €

Lage der Familie noch andere Faktoren eine Rolle spielte. So gab es etwa Zuschüsse und Darlehen für die Existenzgründung, Beihilfen für Spätheimkehrer und wohl auch Einkünfte, die in der Bilanzierung nicht erschienen. In grober Einschätzung lässt sich die Entwicklung aber wohl folgendermaßen beschreiben:

— Im Jahr 1955, das ungefähr dem ersten Jahr vollständiger Selbständigkeit entspricht, wurde noch ein sehr geringer Jahresgewinn von rund 7.500 DM ausgewiesen. Die Tabelle des Statischen Bundesamts gibt für dieses Jahr ein Kaufkraft-Äquivalent von 2,61 €/1,00 DM an. Danach entspräche der Jahresgewinn einer heutigen Kaufkraft von rund 16.600 €. Damit war für die Familie zweifellos nur eine sehr bescheidene Lebensführung möglich. Zu bedenken ist dabei allerdings, dass die Miete für die kleine Drei-Zimmer-Wohnung gering war. Ohnehin war der Lebensstandard der meisten Menschen in dem sozialen Umfeld nicht sehr hoch.

- 1961, zum Zeitpunkt des Umzugs in das eigene Haus mit angemessenen Arbeitsräumen für das Atelier, entsprach das Einkommen dem Aufstieg in den Mittel-
  stand. Das Haus bot ein komfortables Wohn- und Arbeitsumfeld. Die ersparten
  Mietkosten konnten zum Abtragen der Hypothek genutzt werden.
  KP arbeitete zwar viel, dies aber als Selbständiger frei von den Zwängen einer An-
  gestellten-Tätigkeit, die seinem Naturell nicht entsprach.
- Dem ausgewiesenen Einkommen bzw. dessen Kaufkraft-Äquivalent entsprechend
  scheint die Zeit um 1970 der Höhepunkt der Geschäftstätigkeit gewesen zu sein.
  Es entfiel die (ungeliebte) Notwendigkeit, aktiv Kunden und Aufträge zu akquirieren. Es konnte die auf dem Haus liegende Hypothek durch Sonderzahlungen vollständig abgelöst werden. Damit stellte sich ein bescheidener Wohlstand ein, der
  sowohl finanziellen wie auch zeitlichen Spielraum für größere Reisen ebenso wie
  für Freizeitaktivitäten oder freikünstlerische Arbeiten verschaffte.
- Die Bilanz von 1979 zeigt, dass dieser Zustand sich bis zum Ende der 70er Jahre
  fortsetzte. KP bearbeitete über den Renteneintritt im 65. Lebensjahr 1976 hinaus
  weiter anfallende Aufträge, so dass sich für 1979 ein zwar reduzierter aber immer
  noch recht umfangreicher Geschäftsbetrieb ausweist.
- Erst 1983 – also im Alter von 72 Jahren – war die beruflich Aktivität soweit redu-
  ziert, dass die Einkünfte aus beruflicher Arbeit unter dem Altersfreibetrag lagen
  und KP die Streichung aus der Steuerliste beantragte.

Damit hatte sich KP in der aktiven Berufszeit eine Altersversorgung, bestehend aus Rente, mietfreiem Wohnen im eigenen Haus, weiterhin Einkünften
aus der Beabeitung von Aufträgen und Zinsen aus angelegten Ersparnissen
geschaffen, die ein sorgenfreies Alter zuließen.

Rechnungen und Belege

Einen Einblick in die finanzielle Seite des Geschäftsbetriebs liefern auch
Rechnungen und Ausgabenbelege, von denen eine Auswahl für die charakteristischen Jahre 1954 und 1962/63 im Nachlass erhalten war.

Die auf der Folgeseite wiedergegeben Rechnung fällt in die frühe Zeit, als
KP noch fast ausschließlich für das Atelier August Groppel tätig war. Es fällt
auf, dass die Rechnung viele kleinteilige Posten ausweist. Erkennbar wird,
dass es sich in vielen Fällen um Teilarbeiten, Korrekturen oder Ergänzungen
handelt. Da Groppel in seinem Atelier auch zwei jüngere Angestellte Grafiker beschäftigte, wurde oft so verfahren, dass KP das Hauptmotiv für den
Spiegel der Verpackungen zeichnete und die restlichen Routinearbeiten wie
Beschriftungen, Umrandungen, Laschentexte etc. von den jungen Mitarbeitern erledigt wurden. Größere Beträge wie etwa die 120.- DM für die Reinzeichnung einer Schokoladenpackung Chateau (Storck) signalisieren dagegen eine ganzheitliche Arbeit. Für die Chateau-Schokoladenpackung hatte
KP bereits den Entwurf gefertigt und in dem Betrag für die Reinzeichnung

war auch – zumindest fiktiv – ein Entgelt für die Vervielfältigungsrechte eingepreist.

August Groppel war ein patriarchalisch denkender Mensch. Einerseits behielt er sich 'das Sagen' vor, andererseits sorgte er auch verantwortlich für die Mitarbeitr

```
                        Herford          7.Aug.        4


        Herrn Aug.Groppel, Herford

        Karl Pausch, Herford

   16.7.        Storck, Schok.Pckg.50 Gramm RZ.       20.--
   17.7.        2 ESk.Beckmann Türkenkost Prospekt    30.--
   17.7.        ESk.Tab.Pckg.Westfalenkrone           20.--
   1 .7.        Kessing & Thiele Ständer              10.--
   18.7.        ESk.Eßt mehr Früchte Tüte             15.--
   19.7.        Chateau Ständer                       30.--
   20.7.        Storck, Abzüge Schok.Tafeln           10.--
   21.7. Kox, Inserat Sommer-SV.                      25.--
   22.7.          Tintelnot, ZeichenAbzüge            25.--
   24.7.        Storck, Beutel Vollm.Brocken ESk.     15.--
   25.7.        3 ESk.Storck, Chateau u.CondettaStd 25.--
   25.7.        Euca-Milcin Abzüge                     3.--
   25.7.        25 Foto-Abzüge Chateau                10.--
   27.7.        Eickmeyer, Inserat Fünflinge          25.--
   28.7.        2 ESk.Storck, Ständer                 15.--
   28.7.        Beckmann Aschenbecher                 10.--
   29.7.        Coppenrath 2 ESk.Zwieback-Beutel      30.--
   30.7.        Storck,Chateau,Condetta StreifenESk 25.--
   30.7.        ESk."      "        "  Preisschilder  20.--
    2.8.        Wissoll, Foto-Abzüge                   2.--
    2.8.        Aschenbecher, Beckmann                10.--
    2.8.        Storck, Chateau, Condetta Streif.Esk 20.--
    3.8.        Westfalenkrone Pckg.RZ.               25.--
     3.         Weinrich, Fotos u.Retusche            20.--
    4.8.        Chateau, Schok.Pckg.RZ.              120.--
    4.8.        Weinrich, Retusche                    10.--
    6.8.        Condetta, Streifen u.Etikett RZ.      25.--
    7.8.        Eickmeyer, Inserat Fünflinge          25.--
    7.8.        Storck u.Chateau, Streifen u.Etik.    60.--
                                                     ─────
                Betrag dankend erhalten              680.--
                Herford, 8.Aug.1954                  ========
```

seines Ateliers und bedachte dabei auch die Familien- und Lebensituation. Es war ihm bewusst, dass KP bei aller fachlicher Qualifikation nach zehnjähriger Abwesenheit vor einem wirtschaftlichen Neuanfang in einer veränderten Tätigkeit stand und nach dem Wegfall der öffentlichen Überbrückungshilfen eine Familie ernähren musste. So sorgte er stets für einen auskömmlichen Auftragsumfang und hatte Verständnis dafür, dass KP Mitte der 50er Jahre in zunehmendem Umfang eigene Aufträge akquirierte und sich schließlich in die vollständige Unabhängigkeit von seinem Atelier löste.

Durch die Arbeit für Groppel wurde KP natürlich auch mit dessen Auftraggebern und deren Arbeitsweise vertraut. In umgekehrter Richtung wussten die einschlägigen Mitarbeiter der auftraggebenden Firmen auch, dass bestimmte Entwürfe zwar von Groppel verantwortet aber eben weitgehend selbständig von KP gearbeitet worden waren. Wie erwähnt, wandte sich die Bielefelder Großdruckerei *Graphia – Hans Gundlach* von sich aus mit einem Schreiben an KP. Dort hieß es zwar, man habe die Anschrift dem "Fernsprech-Teilnehmer-Verzeichnis" entnommen. Es kann aber wohl als sicher gelten, dass die beteiligten Mitarbeiter über Pauschs Arbeitsweise durch Arbeiten für das Atelier Groppel Kenntnis hatten, der ebenfalls für Graphia und deren Auftraggeber wie den Storck-Konzern arbeitete.

Hieraus entwickelte sich in der zweiten Hälfte der 1950er Jahre eine langfristige Zusammenarbeit mit einem regelmäßigen Auftragsvolumen. 1957 kam mit der Firma *Illert+Ewald* in Steinheim am Main eine weitere Großdruckerei sowie die Firma *ORO-Druck* bei Bielefeld als regelmäßige Auftraggeber hinzu und gewährleisteten eine Art Grundauslastung für einen einträglichen Geschäftsbetrieb.

Typisch für diese Art der Zusammenarbeit mit den Druckereien als Mittler zwischen dem Hersteller und dem Grafiker ist die

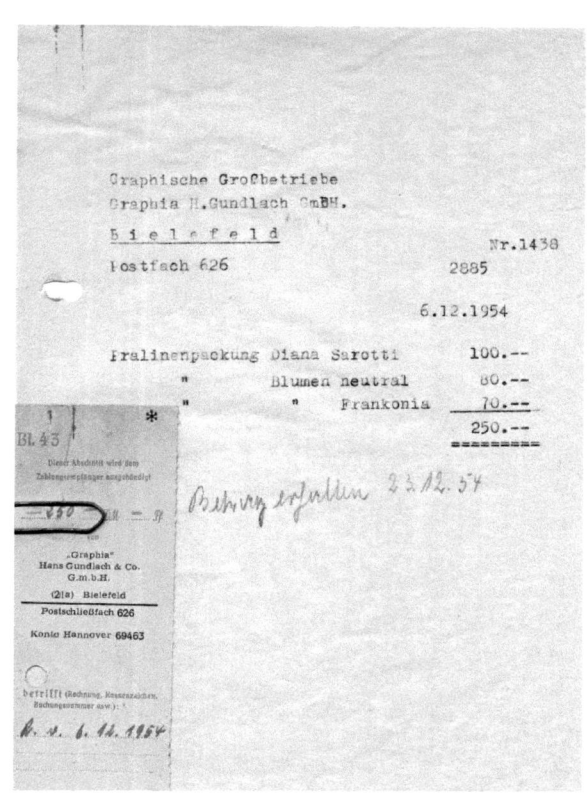

nebenstehende Rechnung an die 'Graphischen Großbetriebe, Graphia – Hans Gundlach' in Bielefeld: Es sind ohne weitere Spezifikation drei Entwürfe für Pralinen-Packungen berechnet. Die jeweiligen Preise werden im Vorhinein abgesprochen worden sein. Bei der zweiten Position "Blumen neutral" handelt es sich um einen sehr schön aquarellierten Blumenstrauß, der so in der Fläche angeordnet ist, dass für die Vervollständigung des Spiegels ein Firmenlogo und weitere Schriftzüge hinzugefügt werden können – insofern 'neutral'. Ob der Preisunterschied zwischen der Sarotti- und der Frankonia-Packung dem unterschiedlichen Arbeitsaufwand oder der Bekanntheit der Marke geschuldet ist, lässt sich im Nachhinein nicht mehr entscheiden.

 Der Abschnitt am linken Rand weist darauf hin, dass solche Rechnungen damals typischerweise durch Übersendung eines Postschecks beglichen wurden. [Anmerkung am Rande: Die Einfachheit einer solchen Rechnung im Vergleich zu den heute üblichen, aus Textbausteinen und sonstigen computergenerierten Trivialitäten bestehenden Rechnungen ist bestechend.]

Auch wenn die Auftragsvermittlung durch die Großdruckereien ein wichtiges Brot- und Buttergeschäft waren, so ließen sich durch die direkte Zusammenarbeit mit den Herstellern in der Regel bessere Preise erzielen. Als Beispiel mag die umseitig wiedergegebene Rechnung an die Firma *Wissoll*, Mühlheim/Ruhr, dienen. Hier wird auch deutlich, dass für den Entwurf von Pralinen-Schachteln im Vergleich zu Tafelschokolade ein wesentlich höherer Preis zu erzielen war, obwohl der Zeichenaufwand nicht unbedingt größer war.

Die Firma Wissoll vertrieb ihre Produkte sowohl unter ihrem eigenen Namen wie auch als Eigenmarke der Tengelmann-Handelsggruppe. KP arbeitete für beide Marken. Auch mit der Firma Wissoll hatte sich eine langfristige kontinuierliche Zusammenarbeit ergeben.

Ohnehin war ja die damalige Schokoladen- bzw Süßwarenindustrie noch nicht von der hohen Unternehmenskonzentration geprägt wie in neuerer Zeit. Es gab viele mittelständische Betriebe, die in der Folge des Wiederaufbaus der Nachkriegszeit noch von den Eigentümern geführt wurden. Gerade letztere schätzten den unmittelbaren Kontakt zu dem Grafiker, der ihre Verpackungen und sonstigen Werbemittel gestaltete.

Insbesondere im Laufe der 1970er Jahre verloren viele dieser Eigentümer-geführten Firmen – etwa beim Generationswechsel – ihre Selbstständigkeit und erscheinen heute nur noch als Marke weniger Großkonzerne. Beispiele sind etwa die Firmen Waldbaur, Eszet und Moser-Roth in Stuttgart oder Sprengel in Hannover.

Firma

W i s s o l l - W e r k e
Wilh.Schmitz-Scholl

433 Mülheim-Ruhr

Postfach 417

25.Juni 1962

53/195	TENGELMANN, Weihnachts-Präsent-Karton (Weihnachtliche Altstadt) Entwurf und Reinzeichnung	300.-
54/196	Desgl.mit Tannenzweig u.Kerzen	300.-
55/198	Tengelmann "Duo", Weinbrand-Kirschen/Bohnen, Entwurfsskizzen-Änderung	50.-
56/199	Desgl."Drei Feine", Weinbrand-Kirschen/Bohnen/Mandelsplitter	50.-
57/200	TENGELMANN, "Duo", Weinbrand-Kirschen/Bohnen, neuer Entwurf und Reinzeichnung	250.-
58/201	TENGELMANN, "Drei Feine", Wein-brand-Bohnen/Kirschen/Mandel-splitter, neuer Entwurf und Reinzeichnung	250.-
59/202	TENGELMANN, Zuschnitt "Cherry-Brandy-Bohnen", Entwurf und Reinzeichnung	230.-
60/203	Desgl.Stülpkarton mit Vorstehrand, Entwurf und Reinzeichnung	230.-
		1.660.-

Auch wenn die Objekte der obigen Wissoll-Rechnung und die der vorstehenden Rechnung an die Druckerei Graphia nicht ohne weiteres vergleichbar sind, so wird doch deutlich, dass bei den Direktaufträgen wesentlich höhere Preise zu erzielen waren.

'Grafik-Design' im vordigitalen Zeitalter

Arbeitsweise, Berufsbild und Status des Grafikers wie auch die Struktur der gesamten Werbebranche haben sich durch die Einführung der Computertechnik wie auch durch die allgemeine Entwicklung der Wirtschaftsstrukturen geradezu revolutionär verändert. Dies gilt nicht zuletzt auch in den Bereichen, für die Karl Pausch vorrangig tätig war, die Schokoladen- und Lebensmittel-Industrie. Exemplarisch lässt sich dies an dem Fleischwaren-Hersteller Wilhelm Brandenburg festmachen: Das Unternehmen war 1885 in Rügenwalde an der Pommerschen Ostsee gegründet worden. Nach der Vertreibung in der Folge des Zweiten Weltkrieges wurde das Unternehmen ab 1949 in Timmendorfer Strand neu aufgebaut. Die Söhne des Gründers als Miteigentümer bzw. Geschäftsführer des Familienbetriebs suchten Karl Pausch noch persönlich auf, um die Gestaltung ihrer Verpackungen und sonstigen Werbemittel zu besprechen. Heute ist die Wilhelm Brandenburg GmbH & Co. OHG ein Unternehmen der REWE-Gruppe, deren Werbeauftritt zweifellos von einer großen Agentur mit Marketingspezialisten, IT-Fachleuten und angestellten Grafik-Designern betreut wird.

Es erscheint daher notwendig, sich die vordigitalen Arbeitstechniken und Strukturen der Zusammenarbeit vor Augen zu führen, um individuelle Leistungen einschätzen zu können. Damit verbindet sich auch die arbeitsrechtliche Position und das Berufsethos, das Karl Pausch mit seiner Arbeit verband.

Zum Berufsbild des Grafikers in der vordigitalen Zeit

Bis in das Zeitalter des computergestützten Entwerfens bezog sich die 'technische Reproduzierbarkeit' des Kunstwerks, von der Walter Benjamin in seinem wegweisenden Aufsatz schrieb, ausschließlich auf die technische Reproduktion und Vervielfältigung eines zuvor (analog) erstellten Originals.

Bezogen auf den hier zu verhandelnden Gegenstand, die Gebrauchsgrafik, bedeutete das, dass für die Vervielfältigung eines Werks zwar die analoge FotoTechnik und das Druckerei-Gewerbe hoch entwickelt waren, dass aber der Prozess des Entwerfens der Druckvor-

Symbol für den freischaffenden Künstler: KPs Palette aus den 30er Jahren. Mit Ölfarben hat er aber nach dem Kriege nur ein einziges Mal gearbeitet. DAlpenlandschaft (in Spachteltechnik) ist verschollen.

lage ein künsterisch-handwerklicher Arbeitsvorgang blieb. Die Druckvorlage war bei hinreichender 'Originalität' im Prinzip ein individuell gestaltetes Werk, ein urheberrechtlich geschütztes Unikat in allen Teilen.

Damit war auch die Tätigkeit des Grafikers ein schöpferischer, handwerklich-künstlerischer Prozess. Das Arbeitsergebnis war ein 'Werk' im Sinne des Urheberrechts und der Beruf des Grafikers genoss Ansehen und rechtliche Privilegien wie auch andere künstlerische Berufe. So etwa konnte Karl Pausch steuerliche Sonderrechte für sein Atelier in Anspruch nehmen. August Groppel, als bereits etablierter Grafiker, schrieb eine entsprechende Bestätigung:

"Ich bestätige Herrn Karl Pausch, Herford, Memelstraße 18, daß derselbe meines Wissens nach sich ausschließlich mit Malerei und Graphik befasst (hauptsächlich Gebrauchsgraphik) und fällt dieser somit in die Berufsgruppe der 'freischaffenden Künstler'. Anbei gebe ich Ihnen eine Abschrift des Regierungspräsidenten. Herford, den 12. April 1952   gez. Aug. Groppel"

Diese Sichtweise wurde allerdings für die sogenannten angewandten Künste, also auch für die Gebrauchs- und Werbegrafik, mindestens seit den 1930er Jahren zunehmend infrage gestellt. Dahinter stand natürlich das Interesse der Auftraggeber, Zahlungen für die Verwertungsrechte, etwa für Folgeauflagen, zu vermeiden und vorhandene Entwürfe nach Belieben auch durch fremde Grafiker verändern zu lassen und anderweitig zu verwerten.

Andererseits konnte geltend gemacht werden, dass die vom Urheberrecht geforderte Originalität für einen erheblichen Teil der Arbeiten nicht zutraf. Insofern bewegt sich die Gebrauchsgrafik allgemein in einer urheberrechtlichen Grauzone. In der Alltagspraxis waren auch bei originellen Entwürfen berechtigte Forderungen für die Vervielfältigungsrechte oder Nachzahlungen bei Folgeauflagen nur selten durchzusetzen.

Dies wurde durch die Verbreitung grafikfähiger Rechner und entsprechender Software um die Mitte der 80er Jahre vollends obsolet: Auch der Entwurfsprozess wurde digital. Alle Schritte der Entwurfsarbeit bis hin zur fertigen Druckdatei sind am Rechner einfacher, zeitsparender und kostengünstiger zu erledigen. Die einzelnen Elemente eines Entwurfs lassen sich leicht duplizieren, modifizieren und in beliebiger Weise kombinieren. D.h. ein Entwurf ist nicht mehr in allen seinen Teilen ein Unikat, ein handwerklich vollständig neu erstelltes Original, sondern fast immer ein aus vorhandenen Bausteinen digital zusammengefügtes Werk. Auch dies kann durchaus ein kreativer Prozess sein, der nicht unterschätzt werden sollte. Die Grenze zum Plagiat verschwimmt aber vollends.

Nun wurde zwar auch in der vordigitalen Zeit auf Teufel komm heraus kopiert. Selbst die Alten Meister bedienten sich oft schamlos bei den Kollegen. Die handwerkliche Fähigkeit des Zeichnens, bei der selbst eine Kopie im weiteren Sinne stets ein eigenständig erstelltes Werk ist und zwangläufig erkennbare Unterschiede zur Vorlage aufweist, geht mit der neuen Arbeitsweise verloren.

Dementsprechend fühlte sich KP immer auch als Künstler im engeren Wortsinn. Er hielt das Ethos des Künstlerischen hoch und betätigte sich in freier Zeit gern freischöpferisch. Die Verletzung des Urheberrechts in der Alltagspraxis seines Brotberufs beklagte er regelmäßig.

Das Handwerkszeug des Grafikers
im vordigitalen Zeitalter[1]

Zum Verständnis aus heutiger Sicht ist anzumerken, dass die speziellen Werkzeuge und Geräte des Grafik-Gewerbes von Pinsel und Farben über Lithografen-Nadel, Falzbein, Messlinial und Zeichendreieck bis zu Foto-Objektiv, Arbeitslampe und Zeichentisch um 1950 noch keineswegs problemlos erhältlich waren, als KP begann, sein Atelier einzurichten. Die Situation ist kaum mehr vorstellbar: Es gab – zumal in einer Kleinstadt wie Herford – kaum Geschäfte für solche Artikel, ein Versandhandel war erst im Aufbau und ohne Auto bedurfte es einer Tagesreise, um in einer der nächstgelegenen Großstädte wie Bielefeld oder Hannover spezielle Arbeitsmittel zu beschaffen.

Wenn Hedwig Pausch in der ersten Nachricht, die KP in der Kriegsgefangenschaft erreichte, schrieb "Alles gesund, es geht uns gut, Wohnung heil, Werkzeug vorhanden!" dannn wird die Bedeutung dieser Arbeitsmittel für den Neuanfang deutlich.

Da KP – wie oben ausgeführt – ja bereits in der Vorkriegszeit gezeichnet, gemalt und sich durch die Teilnahme an Weiterbildungsveranstaltungen auf einen Berufswechsel vorbereitet hatte, war eine Grundausstattung an Werkzeug und Arbeitsmitteln vorhanden. Es ist offensichtlich, dass Hedwig Pausch um die Bedeutung wusste und sorgfältig darauf geachtet hat, dass dieser Werkzeug-Fundus die Unbilden des Krieges und insbesondere die Umzüge von Stettin nach Wüsten im September 1941 und von Wüsten nach Herford 1945 unbeschadet überstand.

Aus der Kriegszeit war man ohnehin gewohnt, unbenutzte Gegenstände und Gebrauchsmittel für einen späteren Zweck aufzubewahren. Geräte und Werkzeuge aus der Vorkriegszeit waren meist solider gearbeitet als der minderwertige Ersatz, der in der Kriegs- und Nachkriegszeit erhältlich war – wenn man ihn überhaupt bekam. "Das ist noch aus Friedenszeiten" war ein geflügeltes Wort, wenn man die besondere Qualität eines Gegenstands hervorheben wollte.

Zeichentisch

Anders als für technische Zeichnungen (am 'Zeichenbrett' bzw 'Reißbrett') wurde für die Arbeit des Grafikers ein fast normaler Tisch benutzt, meist so-

---

[1] Das Handwerkzeug und seine Verwendung kann hier nur aus der Erinnerung ohne detaillierte Fachkenntnisse skizziert werden.

gar mit einer Schublade in der Mitte für häufig benötigte Utensilien. Lediglich die Platte wies eine schwache Neigung auf, um die Arbeit zu erleichtern. In der anfänglichen Not der Nachkriegszeit hatte sich KP einen alten Küchentisch entsprechend hergerichtet. Später wurde ein komfortables, eigens für diesen Zweck angefertigtes Möbelstück beschafft.

Der folgende Ausschnitt aus einem Bericht des *Spiegel* über den Zeichner Andreas Deja, der in den 1990er Jahren wesentliche Figuren für Disneys Animationsfilme zeichnete, erinnert stark an KPs Arbeitsgerät:

"Er zeichnet ein paar Bleistiftstriche für den runden Kopf, ein paar für die Mausohren, die Olivennase. Micky Maus streckt dem Gegenüber ihren weißen Handschuh entgegen und setzt zur Verbeugung an.
In die schräge Platte seines Zeichentischs ist eine Glasscheibe eingelassen, hinter der eine Lampe durch das Papier leuchtet. [...] Er legt eine zweite Seite auf die erste, zeichnet Micky nun in voller Verbeugung. Dann hebt Deja eine Ecke des Papiers, wedelt sie hoch und runter. Micky aufrecht, Micky gebeugt, aufrecht, gebeugt." [DER SPIEGEL, 6.5.2023, S. 106f]

Pinsel, Bleistift & Co

Naturgemäß gab es in KPs Atelier immer eine große Variation an Pinseln. Die aktuell benötigten standen üblicherweise mit der Spitze nach oben aufgefächert in einer kleinen Blumenvase, um die Auswahl zu erleichtern. Daneben stand ein größerer Wassertopf, in dem die Pinsel sofort nach Gebrauch ausgewaschen wurden. Anschließend wurde die überschüssige Flüssigkeit in einem saugenden Lappenknäuel abgenommen. Üblich waren hochwertige Rotmarder-Pinsel mit rostfreier Zwinge.

Auch bei den Bleistiften stand eine große Auswahl unterschiedlicher Stärken und Härten bereit: Für den Alltagsgebrauch gab es Druckbleistifte mit Minenstärken bis zu ca. 3 mm. Dennoch, für den Bereich der Gebrauchsgrafik waren die Bleistifte kein eigenständig künstlerisches Medium, sondern ein Hilfsmittel zum Skizzieren oder Vorzeichnen von Umrissen, die man nach dem Auftragen der Farben wegradieren konnte. Auch zum Herstellen der 'Pausen' (s. dort) wurden meist Bleistifte benutzt — nun aber mit dünnen, besonders harten Minen, damit auf dem glatten Transparentpapier bewusst wenig Graphit aufgetragen wurde. Lediglich für künstlerische Bleistiftzeichnungen wurden dicke, weiche Minen verwendet, bei denen sich die Spitze besonders zurichten lässt. Hier allerdings oft auch klassische Stifte mit Holzmantel.

Farben

Für die Entwürfe wurden ausschließlich Wasserfarben verwendet. Da die Entwurfszeichnungen ja immer sehr sorgfältig behandelt und meist auch mit Folie geschützt wurden, bestanden an die Wischfestigkeit keine großen Anforderungen. Nur gelegentlich wurden sogenannte Plaka-Farben (Kaseinfarben) verwendet, die nach dem Auftrocknen beständiger gegen Feuchtigkeit sind und eine matte Oberfläche ergeben. In den 60er Jahren wurden diese durch die Acrylfarben verdrängt. Für bestimmte Einsatzzwecke schätzte KP Eiweißlasurfarben, die keine körnigen Farbpartikel enthalten und sich daher für die namengebende Anwendung – etwa in der Spritzpistole – besonders eignen.

Die Farben wurden händisch angemischt. Zu diesem Zweck gab es auf dem Zeichentisch immer einen größeren Stapel ausgemusterter Untertassen, auf die jeweils ein oder mehrere Kleckse Farbe aus den Schmincke-Tuben gedrückt und passend zusammengemischt wurden. Dies war natürlich ein Vorgang, der in der Tat künstlerische Fähigkeit und ein gutes Auge voraussetzte. Auch der Farbauftrag selbst forderte viel Erfahrung und handwerkliches Geschick.

Im Zusammenhang mit der Farbgestaltung war natürlich KPs Erfahrung aus der Drucktechnik von Vorteil. Insbesondere für den Druck von Schokoladen-Einschlägen verwenden die Druckereien meist stan-

Farbproben am Rand eines Entwurfs

dardisierte Farbskalen. Es war daher wichtig, bei der Gestaltung von vornherein nur die mit diesen Skalen erreichbaren Farben vorzusehen, um die Übereinstimmung von Entwurf und Druckergebnis zu erreichen und Enttäuschungen bei den Auftaggebern zu vermeiden. Nach Möglichkeit versuchte man auch, teure Farbwechsel zwischen Druckaufträgen zu vermeiden.

Bei der Auftragserteilung durch die Druckerei wurde dies in der Regel bereits vorgeschrieben: Schokoladeneinschläge und Pralinenschachteln wurden standardmäßig in 'vier Farben + Gold' gedruckt, bei 'Konsum-Schokolade' meist ohne die 'Schmuckfarbe' Gold. Anweisungen im Schriftwechsel lauteten typischerweise: "Vier-Farben-Schokoladen-Skala", " Vier-Farben-Normalskala", "nicht über vier Farben + Gold hinausgehen" o. ä. Die normalerweise bei Schokoladeneinschlägen verwendete Skala war: Gelb, Rot, helles Blau, Dunkles Blau: Die dunkle Farbe wurde sparsam verwendet und oft als 'Tiefe' bezeichnet. Sie lässt die Darstellung plastischer erscheinen.

Papier/Karton

Papier und vor allem hochwertiger Karton waren in der Nachkriegszeit und bis weit in die 50er Jahre, von denen hier die Rede ist, teuer und schwer erhältlich. Im Nachlass finden sich daher viele Blätter, die doppelseitig oder mehrfach benutzt worden sind. Erste Skizzen oder Probezeichnungen finden

Erste Skizze für einen Schokoladen-Einschlag auf einem Kalenderblatt(!)

sich sogar auf Kalenderblättern, der leeren Rückseite von anderweitig bedruckten Papieren etc. Manche dieser Artefakte werden aber wohl auch situationsbedingt etwa bei informellen Besprechungen entstanden sein, haben aber oft eine große Frische. (Nicht von ungefähr werden die Bierdeckel-Skizzen berühmter Personen im Kunsthandel oft hoch bewertet.)

Für die meisten Zwecke in der Gebrauchsgrafik ist natürlich der Untergrund, auf dem die Entwürfe entstehen, von großer Bedeutung. KP beschaffte einen speziellen Schrank mit vielen flachen Schubladen, in denen die unterschiedlichen Bögen bis zum Format DIN A0 fachgerecht ohne Rollen oder Falten gelagert werden konnten. Die Kenntnis der verschiedenen Papier- bzw. Karton-Sorten, sowie das Verhalten bei unterschiedlichen Malmitteln und Zeichenwerkzeugen gehörte zum professionellen Kenntnisstand des Grafikers. KP kam seine Erfahrung aus dem Druckgewerbe zugute, da er auch das Verhalten der verschiedenen Untergründe bei den später für den Druck verwendeten Kartonbzw. Papiersorten beurteilen konnte.

Für die meisten gebrauchsgrafischen Arbeiten, insbesondere für Reinzeichnungen, wurde ein fester, glatter und reinweißer Zeichenkarton verwendet. Gern experimentierte KP aber auch mit grob strukturierten Kartonsorten für besondere, bildhafte Darstellungen oder Untergründe, wie sie etwa bei edel wirkende Kartonagen (z.B. für Pralinen-Schachteln) angebracht waren.

Die nebenstehende Abbildung zeigt verschieden strukturierte Kartonsorten bei KPs Entwürfen. (Die Ausschnitte sind Originalen aus dem

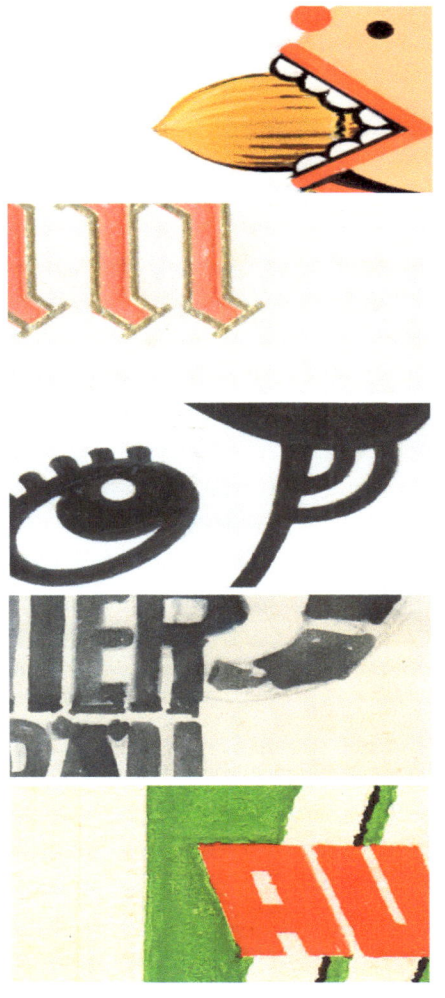

Nachlass entnommen und daher mehr oder weniger stark vergilbt.) Neben reinweißem Karton (Ausschnitt in der Mitte aus einer monochromen Reinzeichnung) wurde auch leicht gelblicher Karton unter der Bezeichnung 'chamois' verwendet (Ausschnitt oben aus einem Entwurf für eine Schokoladenserie 'Nussknacker'). Die drei übrigen zeigen strukturierte Kartonsorten für eine Pralinenpackung 'Lohmann' (2. v.o.), eine Skizze 'Thier Bräu' (2. v.u.)

und das Titelblatt einer Reisebeschreibung. Der Einfluss der Kartonstruktur auf den Farb-Auftrag wird hier besonders sichtbar.

Transparentpapier und Folien

Eine große Rolle in dem Arbeitprozess spielte eine bestimmte Sorte glatten Transparentpapiers, mit dessen Hilfe Schriftzüge, bildhafte Motive oder sonstige Strukturen von einem Träger auf einen anderen übertragen wurden (s. Abschnitt 'Pausen'). Genauer gesagt handelte es sich um ein *halbtransparentes Papier, auf dem die Umrisse des jeweiligen zeichnerischen Elements nachgezeichnet und durchgedrückt wurden. Dies war ein derart wichtiges Arbeitmittel, dass ihm im Teil 'Arbeitsweise' ein eigener Abschnitt gewidmet ist.* Im Nachlass fanden sich hunderte solcher 'Pausen', von denen eine Auswahl in dem jeweiligen Zusammenhang wiedergegeben ist.

Transparentpapier-Rolle aus dem Nachlass

Einzelne zeichnerische Elemente wurden auch auf dicke, vollständig transparente 'Aufleger' ('Cellophan', 'Cellon') gezeichnet. Dies verfolgte vornehmlich folgenden Zweck:

– Bei Serien-Entwürfen, etwa für Tafelschokolade blieb der Fond (Hintergrund) des Enwurfs) meist gleich. Es wechselte nur ein charakteristisches Motiv (Milch, Nüsse etc.) und die Schriftzüge mit der Sortenbezeichnung. Diese Elemente wurden dann auf Folie gezeichnet und aufgelegt, um nicht den kompletten Entwurf für jede Geschmacksrichtung neu zeichnen zu müssen.

– Gelegentlich wurden für eine Verpackung zunächst mehrere Varianten entworfen. Auch dann wurden die variierten Elemente auf Transparentfolie gezeichnet, um dem Auftraggeber die Möglichkeit zu geben, die verschiedenen Fassungen zu prüfen und zu entscheiden, welche der Varianten benutzt werden sollte.

– Häufig wurde die Klarsichtfolie auch nur dazu benutzt, eine für den späteren Druck vorgesehene Lackierung zu simulieren und dem Entwurf ein gefälligen Aussehen zu geben.

Spritzpistole und 'Kohlensäureflasche'

Das Arbeiten mit der Spritzpistole – heute im amerikanisierten Sprachgebrauch meist als 'Airbrush' bezeichnet – war im vordigitalen Grafik-Design eine wichtige und zugleich diffizile Technik, um Farbflächen und -verläufe zu erzeugen. Und es war die einzige Möglichkeit, die so häufig benötigten Untergründe als gleichmäßige Farbfläche anzulegen, einen gezeichneten Gegenstand plastisch erscheinen zu lassen oder mit einem Schatten zu

KPs Spritzpistole. Eines der wichtigsten Arbeitsgeräte, um Farbflächen und gleichmäßige Verläufe zu erzeugen.

versehen. Heute dagegen macht der Einsatz der Airbrush-Technik praktisch nur noch bei dreidimensionalen Objekten wie etwa beim Modellbau Sinn, da farbige Flächen und Verläufe am Rechner leicht zu erzeugen sind.

KP benutzte Spritzpistolen mit einem obenliegenden, kleinen Farbbehälter, in den die Farbe mit einem dicken Pinsel hineingestrichen wird (s. Bild). In der Regel wurden die Wasserfarben verwendet, die auch sonst zum Zeichnen dienten. Das Anmischen erfolgte in gleicher Weise wie auch beim Zeichnen mit dem Pinsel.

Die Spritzpistole zerstäubt die Farbpartikel mit Hilfe von 'Druckluft' – wie es in den meisten Beschreibungen zur Airbrush-Technik heißt. In KPs Atelier wurde dafür aber nicht Druckluft genutzt, sondern CO_2 in Stahlflaschen, wie sie standardmäßig für Bier-Zapfanlagen in der Gastronomie gebräuchlich sind. Für diese 'Kohlensäure-Flaschen' gab es eine eingeführte Logistik, da sie von den Bierverlagen standardmäßig an die Lokalitäten geliefert werden. So standen in KPs Atelier immer zwei dieser etwas monströsen Stahldinger und lieferten über ein Reduzierventil und Schäuche das Druckgas für die Spritzpistole. Zwei Stück deshalb, weil die

Airbrush-Technik: Der Verlauf des Hintergrunds ('Fond') für eine Pralinen-schachtel 'Quadrille' wurde mit der Spritzpistole in zwei Phasen erzeugt. Zu-nächst der gleichmäßig gelb-braune Untergrund, darauf die Vignettierung in der Mitte und in den Ecken. Auf diesen Fond wurden die Figuren und Orna-mente mit dem Pinsel aufgebracht (s. Ausschnitt).

gerade benutzte Flasche nach längerem Gebrauch ohne Vorwarnung nur noch ein leises Lüftchen von sich geben konnte, was natürlich nicht zum Stillstand der Arbeit bis zur nächsten Lieferung führen durfte.

Lithografennadel, 'Schaber'

Ein universelles Arbeitsgerät waren Lithografennadeln, von KP schnöde 'Schaber' genannt. Die Werkzeuge dieser Art stammen tatsächlich aus dem namensgebenden Gewerbe, werden aber auch für andere Zwecke, z.B. Gravuren bei Goldschmiede-Arbeiten etc. angeboten. KP benutzte die klas-sische Version, die wie ein Bleistift ausgebildet ist und so auch in der Hand gehalten wird. Statt der Bleistiftmine enthält die Holzummantelung einen Stahlstift, dessen Spitze unterschiedlich ausgebildet ist – oder vom Anwender in der gewünschten Form angeschliffen werden kann. Bei KP gab es mehre-re dieser 'Schaber' mit unterschiedlicher Dicke der Stahlstifte. Die Spitzen war zu einem feinen, schräggestellten Messerchen angeschliffen. Sie wurden sorgfältig scharf gehalten. Dementsprechend lagen immer zwei Schleifsteine mit gröberer und extrem feiner Körnung zum Nachschleifen auf dem Arbeitstisch. Angesichts des regelmäßigen Schleifens verkürzte sich die Stahl-'Mine' zunehmend, so dass es notwendig wurde, die ursprünglich runde Holzummantelung – wie bei einem Bleistift – nachzuschneiden.

KP benutzte die Lithografennadeln für unterschiedliche Zwecke. Zunächst zum Abschaben von deckenden Farb- oder Fotoschichten wie bei der ursprünglichen Anwendung in der Lithographie. Er entwickelte sogar eine eigene Technik, die er Schabzeichung nannte und bei der ein Bild von einem ursprünglich schwarzen Foto-Negativ herausgeschabt wurde. (Hierzu gibt es einen eigenen Abschnitt im Teil 'Galerie nachgelassener Arbeiten'.)

Die scharfen Messerchen der Schaber wurden aber auch für Korrekturen bei Skizzen oder Reinzeichnungen benutzt. Etwa, um überstehende Farbränder oder kleine Fehler des Pinselstrichs zu beseitigen. Wenn dabei das darunterliegende Papier unvermeidbar aufgeraut worden war, so wurde die Stelle mit dem Daumennagel oder einem Gerät, genannt 'der Prickel' (s.u.), geglättet, so dass die Korrektur kaum zu sehen war.

Es gab auch Lithografennadeln mit einem dicken Stahlstift, die beim Anschleifen eine längere Schneide ergaben. Sie wurden zum Beschneiden von Papier oder anderen Materialien an einem Stahllineal benutzt. Die heute für solche Zwecke verwendeten Cutter ('Teppichmesser') mit abbrech- oder austauschbaren Klingen waren damals noch nicht verbreitet.

Der 'Prickel' (Radiernadel)

Das unten abgebildete Multifunktions-Werkzeug aus den 1920er Jahren wurde von KP als 'der Prickel' bezeichnet. Es stammt aus dem Arsenal der Werkzeuge, die für die Erstellung von Radierungen genutzt wurden und die wohl auch bei Lithografen gebräuchlich waren. Es ist aus hochwertigem Stahl gefertigt. Der spiralförmig verdrehte Mittelteil spiegelt den Herstellungsprozess aus einem dicken Stahlstift wider.

Für KP gehörte es zu den regelmäßig genutzten Werkzeugen, die auf dem Zeichentisch ständig griffbereit lagen. Die flache Seite wurde meist zum Glätten von aufgerauten Papierstellen (z.B. nach dem 'Radieren' fehlerhafter Stellen mit dem Federmesser) sowie zum Falzen genutzt. Mit der spitzen Seite

'Der Prickel'. Für die heute beliebte Bastelarbeit des 'Prickelns' ist die umgangssprachliche Bezeichnung vielleicht namensgebend gewesen.

wurden natürlich Löcher gestochen. Aber auch beim präzisen Verschieben von ausgeschnittenen Bildteilen die 'schwimmend' auf Fixogum an die richtige Stelle verschoben werden mussten, diente es als Hilfsmittel.

Standlupe

Anders als beim Arbeiten am Bildschirm, wo man, wenn nötig, Bildteile bis auf Pixelebene vergrößern kann, ist in der analogen Welt sehr präzise Arbeit gefordert. Auf unscharfe oder ausgefranst gezeichnete Ränder reagiert das Auge empfindlich. Dies galt vor allem für Reinzeichnungen.

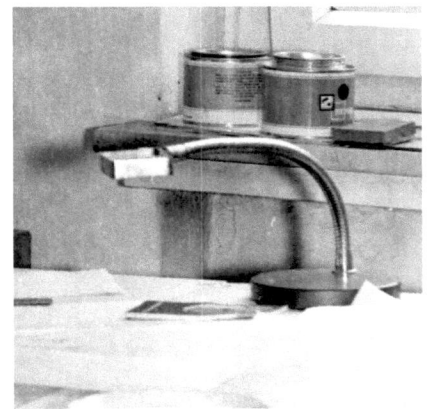

Das Arbeiten mit der Lupe gehörte deshalb zum Alltag des Grafikers. KP benutzte zu diesem Zweck eine einfache Standlupe, die auf einem Schwanenhals befestigt über das Werkstück geschwenkt werden konnte. Besonders Schriften, die ja scharfe Kanten und oft dünne Linien haben, auf die beim Druck besonderes Augenmerk zu richten ist (Überfüllung!), müssen sehr sorgfältig gezeichnet sein.

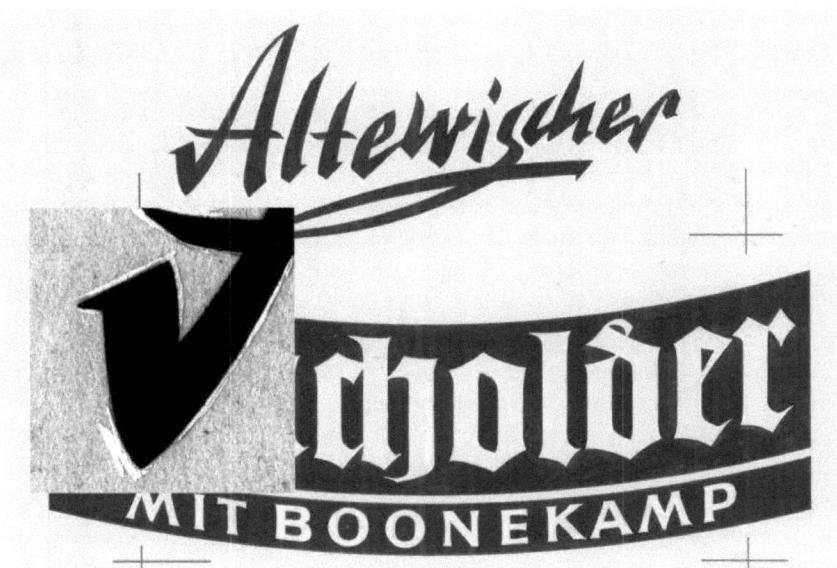

Erst die mehr als 10fache Vergrößerung links im Teilbild veranschaulicht die sorgfältige Korrektur des Buchstabens A, wie sie nur unter der Lupe möglich ist.

Die umseitige Abbildung zeigt die zeichnerische Präzision anhand der Reinzeichnung für ein Spirituosen-Etikett. Das Original im Format von ca. 25 x 17 cm ist bereits vergrößert angelegt, um durch die Verkleinerung auf die Größe des Flaschen-Etiketts bei der Reproduktion für den Druck einen Schärfegewinn zu erreichen. Die Buchstaben-Konturen sind aber noch einmal mit Deckweiß korrigiert – möglich nur mit Hilfe der Lupe.

Fixogum

Auf dem oben gezeigten Bild von KPs Standlupe sind im Hintergrund auch zwei Dosen zu sehen, die den Montagekleber 'Fixogum' enthalten. Wie bei 'Tempo' oder 'Q-Tips' hat sich auch bei dem Montagekleber 'Fixogum' die Markenbezeichnung zum Gattungsbegriff entwickelt.

> "Fixogum ist ein von den Marabuwerken hergestellter, klarer und dickflüssiger Montagekleber auf Basis von Naturkautschuk und organischen Lösungsmitteln. Er dient vor allem im grafischen Gewerbe zum sauberen Verkleben von Papier, Pappe, Karton, Folien und ähnlichen Materialien.
>
> Von anderen Papierklebstoffen unterscheidet sich Fixogum dadurch, dass die Klebeverbindung für eine gewisse Zeit „schwimmend" verschiebbar bleibt, auch empfindliche Materialien sich nicht verziehen, heraustretender Klebstoff sich nach kurzem Antrocknen rückstandsfrei mit dem Finger oder einem Radiergummi abreiben lässt und die Teile voneinander ablösbar bleiben, solange der Klebstoff einseitig aufgetragen wurde. Da Fixogum (vor allem unter Einfluss von Tageslicht) nicht alterungsbeständig ist, halten Verbindungen nur einige Monate oder Jahre." [WP *Fixogum*, 10.07.2022]

Vor allem in den späteren Phasen des Bearbeitungsprozesses bis hin zur Reinzeichnung wurden einzelne Elemente des Entwurfs – insbesondere Schriften, Signets oder Bildmotive – separat erstellt. Markenzeichen mussten von Vorlagen der Auftraggeber übernommen werden. Schriften wurden vergrößert dargestellt oder in der Druckerei abgesetzt. Besonders für die Reinzeichungen wurden die Teile groß gezeichnet und anschließend in der Dunkelkammer verkleinert. All diese Elemente mussten schließlich ausgeschnitten und zur fertigen Zeichnung montiert werden.

Entscheidend ist dabei die Möglichkeit, das aufzuklebende Element nach dem Aufsetzen noch geringfügig verschieben zu können, um den Sitz zu korrigieren. Und da sich überstehender Klebstoff mit dem Finger mühelos 'wegrubbeln' lässt, ensteht auf einfache Weise eine saubere Kante zwischen dem aufgeklebten Element und dem Grundblatt.

Für den allgmeinen Gebrauch wird Fixogum bis heute üblicherweise in Tuben verkauft und durch die Tubenspitze aufgetragen. Wohl wegen des hohen Verbrauchs kaufte KP den Kleber jedoch in Dosen und benutzte ihn in anderer Weise: Es lagen immer schmale Streifen eines dünnen, elastischen

Kartons bereit. Diese wurden in die Klebermasse getaucht, dann zwischen Ojekt und Untergrund gesteckt und anschließend wieder herausgezogen. So ergibt sich ein dünner Auftrag zwischen den Klebeflächen und es quillt nur wenig Kleber heraus. Der doppelseitige Auftrag führt zugleich zu größerer Haltbarkeit

Die mühelose Montage von Elementen am Bildschirm auf den 'Ebenen' der Grafikprogramme hat auch diese Art der Arbeit im Grafik-Design obsolet gemacht.

Über die hier beschriebenen Werzeuge und Geräte hinaus gab es naturgemäß noch viele weitere Arbeitsmittel, die sich aus dem Nachlass oder der Erinnerung nicht mehr erschließen. Als 'Einzelkämpfer' entwickelte KP auch vielfach kreative Ideen, Werkzeuge oder Arbeitsmittel selbst herzustellen oder Vorhandenes anzupassen.

Manches, das man professioneller hätte kaufen können, entstand auch aus der Gewohnheit der Kriegszeiten, sich selbst zu helfen und Ausgaben zu vermeiden. Daher wirkten manche Arbeitsmittel, die KP benutzte, etwas 'handgestrickt'.

Die 'Vergrößerungskiste' für Reprofotografie

Dies galt insbesondere auch für den Holzkasten in der Größe einer wuchtigen Kommode, den KP bald nach Begründung seines Ateliers für reprofotografische Arbeiten konstruiert hatte.

Zwar gab es auch schon zur damaligen Zeit für ambitionierte Amateurfotografen Vergrößerungsgeräte zu kaufen. Diese waren aber darauf eingerichtet, standardmäßig Negative des 'Mittelformats' (6x6, 6x9cm) und des inzwi-

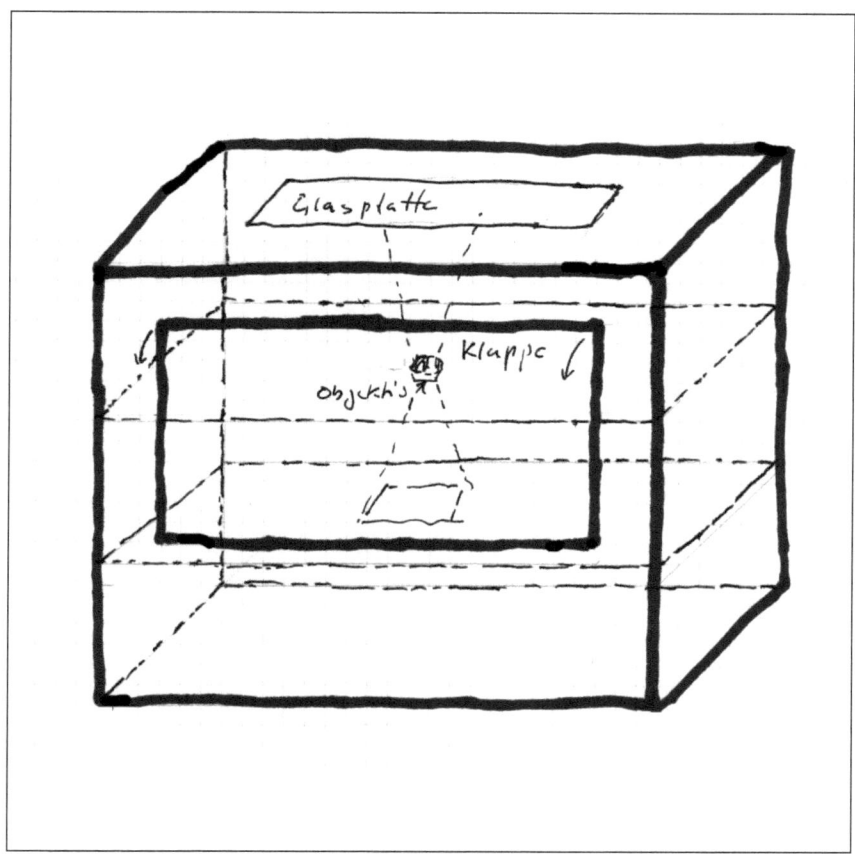

Die 'Vergrößerungskiste' (Gedächtnisskizze)

schen fast ausschließlich verbreiteten Kleinbildfilms (24x36mm) zu vergrößern und Papierabzüge für den Alltagsgebrauch zu erzeugen. Auch handelsübliche Reprokameras eigneten sich durch ihre offene Bauweise nicht für die

Verwendung in der Dunkelkammer und die Erstellung der 'Pausen.' Die professionelle Reprotechnik wiederum, wie sie in der Druckvorstufe genutzt wurde, war schon von den Kosten her speziellen Dienstleistern, Großdruckereien, Zeitschriften-Verlagen u.ä. vorbehalten. Einfache Leuchttische andererseits, wie sie für Retuschier-Arbeiten benutzt werden, deckten nur einen Teil der benötigten Funktionen ab.

Für die Grafik-Bearbeitung in KPs kleinem Atelier bestanden im Alltagsbetrieb ganz andere Anforderungen: Es mussten einzelne Schriftzüge oder Bildausschnitte vergrößert und verkleinert(!) werden. Alle möglichen Arten von Vorlagen mussten auf 'Pausen' (s.u.) übertragen oder auf Film bzw. Fotopapier belichtet werden und Abzüge von Negativen mit unregelmäßigen Abmessungen waren zu erstellen.

Es ist bekannt, dass auch andere Maler-Fotografen und Fotojournalisten ihre Werke mit Hilfe selbst gebauter Apparaturen und provisorischen Dunkelkammern (etwa im Badezimmer) schufen. Solche Konstruktionen wird KP gekannt haben, der sich schon als Jugendlicher in den 1920er Jahren mit Fotografie beschäftigt hatte und Mitglied von entsprechenden Vereinigungen war.

Wie die vorstehende, aus dem Gedächtnis angefertigte Skizze zeigt, bestand die 'Vergrößerungskiste' aus einem geschlossenen, etwa 1,20 m hohen Kasten aus Holz. Auf der Oberseite war eine Glasplatte eingelassen, auf die Transparentpapier zum Pausen oder Negativ-Film bzw. Fotopapier zum Belichten gelegt werden konnte. Im inneren des Apparats befanden sich zwei Böden, die über seitliche Schlitze im Kasten mit Hilfe von Schnüren in der Höhe verstellt werden konnten. In der Mitte des oberen Bodens war das einzige professionelle Teil der ganzen Konstruktion angebracht: Das Objektiv einer ausrangierten Voigtländer-Kamera aus der Vorkriegszeit. KP pries (wohl zu Recht) die hervorragende Qualität dieses Objektivs. Es hatte den Vorteil, dass sich der Fokus manuell einstellen ließ. Es konnte auf diese Weise auf die unterschiedlichen Abstände des Vergrößerungsapparats eingerichtet werden.

Der zweite Boden darunter diente zur Aufnahme von Negativen beliebiger Größe (unabhängig von Standardformaten) sowie von Abbildungen, die vergößert oder verkleinert werden sollten: In der Mitte war eine etwa DIN A4-große Glasplatte für die Negative eingelassen, so dass diese von unten durchleuchtet werden konnten. Natürlich konnte man die Glasplatte auch abdecken und abzubildende Zeichnungen, Drucke oder Fotos unter Auflicht darauf zu legen. Nicht unwesentlich: Es konnten sogar dreidimensionale Objekte, wie etwa Pralinen, Schokolade-Stücke, Kakaobohnen, Obst-Arrangements u.ä. zum Nachzeichnen bzw. für eine Aufnahme (verkleinert oder vergrößert) dort arrangiert werden. Zum Beschicken war in der Vorderseite eine Klappe eingelassen.

Durch die beliebige Verstellbarkeit der Böden konnten Vergrößerungsfaktor und Schärfe individuell eingestellt werden – ein zwar etwas mühseliger Vorgang, der aber dem speziellen Bedarf des Grafikers vollständig entsprach.

Auch die Beleuchtung im Inneren des Kastens war ziemlich 'handgestrickt': Auf der Unterseite des oberen Bodens waren zur Beleuchtung der darunter liegenden Objekte oder Zeichnungen vier Fassungen mit handelsüblichen Glühbirnen angebracht (Auflicht). Ein weiteres Viererset dieser Art gab es auf dem Kistenboden für Durchlicht-Aufnahmen auf der unteren Glasplatte. Die Lampensets konnten durch einfache Kippschalter an der Seite des Kastens ein und ausgeschaltet werden.

Abgesehen von der umständlichen Bedienbarkeit handelte es sich um ein sehr universell für reprografische Arbeiten einsetzbares Arbeitsmittel. Zumindest im Umfeld der freiberuflichen Grafiker der damaligen Zeit scheint das Gerät im Zusammenhang mit der eigenen Dunkelkammer Karl Pausch ein Alleinstellungsmerkmal verschafft zu haben.

Arbeitsprozesse

Erstellt wurde ein Entwurf meist in mehreren Stufen: Zunächst eine rasch ent-wickelte Entwurfsskizze, die dem Auftraggeber einen ersten Eindruck der Ge-samtkomposition gab, dann ein Entwurf, in den ggf. Änderungswünsche ein-gearbeitet wurden und in dem – gelegentlich nach mehreren Revisionen – weitere Details ausgearbeitet waren. Schließlich wurde eine Reinzeichnung angefertigt, die zumeist nicht alle Elemente des Entwurfs umfasste.

Gelegentlich wurden Entwürfe auch 'auf Verdacht' erstellt und potenziellen Interessenten angeboten. Oder Druckereien kauften Entwürfe für eine Kol-lektion an, um damit neue Kunden zu gewinnen bzw. Bestandskunden einen Anreiz zu geben, ihren Werbeauftritt zu überarbeiten. Solche Entwürfe wur-den in einer neutralen Fassung ohne Firmenlogos und Markenbezeich-nungen angefertigt und diese bei näherem Interesse als Folien-Aufleger hin-zugefügt.

Von der Entwurfsskizze zum fertigen Entwurf

Die Regel war aber, dass ein Auftraggeber ein neues Produkt herausbringen, das Produkt verändern oder anders bewerben wollte und daher bereits eige-ne Vorstellungen einbrachte. Dies oft auch in Form von Vorlagen, die den 'Stil' des eigenen Unternehmens und die 'Anmutung' des zu bewerbenden Produkts repräsentierten – nicht selten aber auch Beispiele von Konkurrenz-produkten mit dem Ziel, sich von diesen abzusetzen oder sich an den Erfolg anzuhängen.

> Meist begann die Projektarbeit für ein neues Verpackungsdesign mit einer per-sönlichen Besprechung der Beteiligten. Entweder beim Hersteller selbst, meist aber in der Druckerei als Mediator oder auch durch den Besuch eines Mitarbei-ters im Atelier je nach Entfernung und Reisemöglichkeiten. Bei Auftraggebern im Umkeis von Herford bedeutete das in der Regel, dass KP mit dem Auto zu diesen Besprechungen fuhr. Bei regelmäßigen Auftraggebern in größerer Entfernung, wie etwa der Großdruckerei *Illert & Ewald* in Steinheim am Main wurden die Auf-träge vielfach durch den Besuch eines Repräsentanten (s.o) eingeleitet.

> Bei diesen ersten Besprechungen wurden natülich Ziele und Charakteristik der vorgesehenen Maßnahme besprochen, nicht zuletzt aber auch Vorlagen, Fir-menlogos, Schriftzüge, Fotos, Schnittmuster oder sogar Exemplare des Produkts z.B. Pralinenschachteln, Getränkeflaschen *in materieller Form* ausgetauscht. Oder der Grafiker brachte eigene Entwürfe oder andere Vorlagen als Anregung ein.

Ausgehend von diesen Vorgaben wurde zunächst eine sehr grobe, unauf-wändig erstellte Skizze gezeichnet, um den Grundgedanken des Entwurfs zu visualisieren. Vielfach haben diese frühen Skizzen einen eigenen ästheti-schen Reiz, wie der unten wiedergegebene Entwurf 'Hillers Cocktail Party' zeigt. Teilweise erwarteten die Auftraggeber auch mehrere Varianten oder sogar vollständig unterschiedliche Vorentwürfe.

Berücksichtigt werden mussten natürlich auch drucktechnische Überlegungen. Gerade bei Verpackungen spielt die Ausstattung wie etwa Papierart, Sonderfarben (z.B. Gold) Prägung und Beschnitt eine bedeutende Rolle für die Gestaltung. Nicht zuletzt müssen auf dieser Basis die Kosten kalkuliert werden.

Nach der 'Verabschiedung' der Skizze wurde der Entwurf verfeinert und Änderungswünsche eingearbeitet. Nicht selten mussten bei dieser Prozedur Teile oder sogar der ganze Entwurf neu gezeichnet werden. Dabei waren 'Pausen', d.h. Umrisskopien der zeichnerischen Elemente (s.u.), ein wichtigens Hilfsmittel.

Nach jedem dieser Arbeitschritte musste das Ergebnis per Post an die beauftragte Abteilung geschickt werden, sofern der Auftraggeber nicht in umittelbarer Nähe seinen Sitz hatte. Je nach Freigabe oder begleitet mit Änderungswünschen wurde die Entwurfsskizze zurückgesandt und danach ein möglichst endgültiger Entwurf erstellt. Dieser musste dann wieder der zuständigen Abteilung des Auftraggebers zur formalen Abnahme vorgelegt werden – und da es sich ja um Originale handelte, regelmäßig aufwändig verpackt und per Einschreiben auf den Weg gebracht werden in der Hoffnung, dass dies die Verlustgefahr verringerte. Oft wurden bei den wertvollen Originalen schriftliche Eingangsbestätigungen versandt. Fast immer war auch alles 'irgendwie' eilig, so dass die Einlieferung oft am Wochenende oder außerhalb der gewöhnlichen Schalterzeiten der Post nötig wurde.[1] Falls notwendig wurden sogar Telegramme mit Anweisungen verschickt.

1 Der Autor erinnert sich, dass er als Schüler oft die ehrenvolle Aufgabe hatte, spät abends zum Zentralpostamt zu radeln, wo es einen Spätschalter gab, der den Transport eiliger Sendungen über Nacht garantierte.

Zitat aus dem Schriftverkehr

"Sehr geehrter Herr Pausch!

Als Anlage übersenden wir Ihnen den uns seinerzeit eingereichten Mampe-Entwurf zurück mit der Bitte um folgende Änderung:

Linke Seite

kann grundsätzlich so bleiben. Als Untergrund wählen Sie vielleicht ein Graphit-Grau statt Schwarz.

a) Namenszug "mit den Mönchen" ändern in "Doppelmönch" lt. Beilage.

b) rechte Seite ändern:
Kachelmotiv bleibt, jedoch in etwas aufgelockerter und nicht so starker Abgrenzung. Farblich die beiden Farben etwas mehr angleichen.

c) Beschriftung der rechten Seite:

Namenszug van Delden Halb u. Halb Mampe Likör-Pralinen flüssig gefüllt ohne Kruste

Keine weitere Darstellung. Bitte, darauf achten, daß alle Schriftzüge genau nach Vorlage gearbeitet werden.

Wir wären Ihnen sehr dankbar, wenn Sie uns recht bald den neuen Entwurf zur Verfügung stellen könnten. Sollten noch irgendwelche Fragen zu klären sein, erbitten wir Ihren Anruf.

Mit freundlichen Grüßen"

Das oben zitierte Schreiben bezieht sich auf einen, dem umseitig wiedergegebenen sehr ähnlichen Entwurf aus einer Serie von Pralinenschachteln für die Firma van Delden, die sich nur durch die Geschmacksrichtungen der Likörsorten des Herstellers Mampe unterschieden.

Das Druckmuster repräsentiert naturgemäß die Endfassung des Entwurfs, während das Schreiben offensichtlich auf einen Zwischenschritt Bezug nimmt, bei dem der Untergrund noch eine andere Farbe hatte und bei dem der Hersteller veränderte Textvorgaben übermittelt hatte.

Aus dem Beispiel wird die umständliche Vorgehensweise deutlich, die bei dem Abstimmungsprozess zwischen den Beteiligten unvermeidbar war: Auch einfache Notizen und Handlungsanweisungen mussten auf der Schreibmaschine mit Durchschlägen für die Dokumentation getippt werden. Dies setzte in den Unternehmen Sekretariate voraus, in denen nach Diktat oder handschriftlichen Vorlagen Schreiben erstellt und in den postalischen Versand gebracht werden konnten. Andererseits resultierte daraus auch ein Zwang, nur

ausgereifte und hinreichend überlegte Materialien zu versenden, um Zwischenschritte auf das unbedingt Notwendige zu reduzieren.

Kuriosum am Rande: Wegen der umständlichen und damit auch zeitraubenden Formen der Zusammenarbeit arbeitete KP im Sommer an Entwürfen für das Weihnachtsgeschäft mit Schneemann- und Weihnachtsbaum-Motiven, während in der Weihnachtszeit Frühlingsblumen, Osterhasen, bemalte Eier etc. das Atelier beherrschten.

Bei diesem komplizierten Ablauf verstand es sich von selbst, dass für eine Druckerei bzw. einen Produzenten die langfristige, konstante Zusammenarbeit mit einem bestimmten Grafiker von Vorteil war. Dieser konnte den Stil des Auftraggebers schon in einer frühen Entwurfsphase berücksichtigen. Ihm lagen bereits Schriftzüge, Firmenlogo und andere zu verwendende Elemente vor, so dass oft Reisen und persönliche Meetings durch briefliche oder telefonische Anweisungen ersetzt werden konnten. KP hatte zudem den Vorteil, dass er mit der Druckereitechnik vertraut war und diesen Aspekt von vornherein bei seinen Entwürfen berücksichtigen konnte. Dadurch konnten oft zusätzliche Änderungsdurchläufe und Druckkosten vermieden werden.

Nun verläuft ja der Prozess der Abstimmung zwischen den Beteiligten bei der Entwicklung eines Entwurfs im Grundsatz auch heute nicht anders. Vor allem zwei Aspekte im Prozedere führen allerdings zu einer gänzlich veränderten Vorgehensweise bei der Erstellung eines Entwurfs wie auch bei der Zusammenarbeit mit dem Auftraggeber:

Die Arbeit am Bildschirm ist wesentlich dadurch bestimmt, dass einzelne Gestaltungselemente problemlos kopiert, verschoben und abgewandelt werden können. Dies erleichtert es enorm, probeweise und unaufwändig mehrere Varianten eines Entwurfs zu erstellen, nachträglich Änderungen vorzunehmen und gleichartige Elemente von einem Entwurf in einen anderen zu übernehmen. Dies birgt allerdings die Gefahr des immer Gleichen, auch wenn man nicht direkt 'Abkupfern' unterstellen will. Allerdings erleichtert die Digitaltechnik auch das Plagiieren enorm. In der Masse verbindet sich mit der neuen Arbeitsweise ein Verlust von Originalität.

Der zweite Aspekt, der das heutige Grafik-Design von der früheren Arbeitweise unterscheidet, ist die Möglichkeit, Bildmaterial – seien es einzelne Elemente wie Schriftzüge, bildhafte Darstellungen, Firmenlogos etc., seien es ganze Entwürfe – auf elektronischem Wege zu verschicken. Dies erleichtert die Zusammenarbeit und die Abstimmung zwischen den Beteiligten enorm und und verkürzt die zeitlichen Abläufe. Wie in anderen Bereichen, etwa bei der Software- oder Geräte-Entwicklung fehlt allerdings der Zwang, in wenigen Schritten ein 'fertiges' Produkt zu erstellen, da man ja jederzeit noch ein kleines 'Update' verschicken, hier noch eine minimale Veränderung vornehmen und dem Grafiker noch einmal und noch einmal eine Variante abfordern kann.

In neuester Zeit kommt noch die Möglichkeit hinzu, aufwendige persönliche Besprechungen zwischen den Beteiligten durch Formen der Online-Konferenz zu ersetzen. Dieser Prozess der Ablösung des persönlichen Gesprächs durch Online-Besprechungen ist derzeit in vollem Gange. Es zeichnet sich aber ab, dass der persönliche Kontakt sich nicht vollständig virtualisieren lässt. Rasche Online-Absprachen über Entwürfe und einzelne grafische Elemente, also Bildobjekte, die die Beteiligten gleichzeitig am Bildschirm sichten können, erleichtern die Zusammenarbeit jedoch außerordentlich.

Die Endfassung des Entwurfs

In welchem Stadium der zeichnerischen Realisation der Entwurf vom Auftraggeber im formellen Sinne 'abgenommen' wurde, hing auch davon ab, wie routiniert und vertrauensvoll die Zusammenarbeit zwischen den Beteiligten verlief. War man mit der Arbeitsweise des Grafikers vertraut, genügte evtl. eine etwas grober angelegte Darstellung, die aber die Grundform und alle gestalterischen Elemente korrekt wiedergab, so dass man auf einen mit hohem zeichnerischen Aufwand erstellten Entwurf verzichten konnte. Unerfahrene Auftraggeber, die die zeichnerischen Fähigkeiten des Grafikers nicht einschätzen konnten, verlangten aber oft auch Endfassungen, die bis ins Detail durchgezeichnet waren, bevor sie die Freigabe (im Fachjargon: 'Gut zum Druck', 'GzD') erteilten.

Im Schriftwechsel zwischen KP und den betreuenden Druckerei-Mitarbeitern scheint oft die Verzweiflung durch, wenn ein unerfahrener Kunde nach der x-ten Änderung dann doch noch einen neuen, gänzlich anderen Entwurf verlangt.

Bei einigen Originalen in KPs Nachlass ist nicht mehr mit Sicherheit zu erkennen, ob es sich noch um einen – nun aber sehr ausgefeilten – Entwurf oder bereits um eine Rein-zeichnung handelt. Dies gilt etwa für das hier gezeigte Fragment 'Milchmädchen' für einen Schokoladeneinschlag. Die zeichnerische Darstellung ist etwas holzschnittartig, was aber dem damaligen Stil entsprach, der sich ganz bewusst von der für solche Zwecke verpönten Fotografie absetzte. Insofern könnte es sich durchaus um den Ausschnitt einer Reinzeichnung handeln, von dem direkt für den Druck reproduziert wurde. Andererseits könnte es sich aber auch um einen Ausschnitt aus dem letztgültigen Entwurf handeln,

der für die Reproduktion durch durch eine noch detailreichere Reinzeichnung ersetzt wurde.

Das nachstehend gezeigte Druckmuster einer Tafelschokolade der Firma Sprengel lässt in den vergrößerten Details der Nuss und der Blätter erkennen, dass der 'Strich' bei bildhaften Darstellungen der Reproduktionsvorlage ähnlich aussieht wie bei dem Milchmädchen-Entwurf. In einigen Fällen wurden Entwürfe soweit ausgearbeitet, dass sie dem Kunden einen Eindruck vermittelten, der dem fertigen Druck sehr nahe kam. So etwa wurde eine vorgesehene Prägung durch das mehrfache Auftragen von Deckweiß-Schichten simuliert.

Nachdem der Entwurf förmlich abgenommen war, konnte schließlich die Reinzeichnung mit ihren verschiedenen Bestandteilen angefertigt und auf den Versandweg gebracht werden.

Reinzeichnung/Farbauszüge

Der Sprengel-Einschlag auf der vorangehenden Seite steht bereits für das Druckergebnis nach der letzten Phase der Entwurfsbearbeitung, der Reinzeichnung, von der für den Druck reproduziert wurde.

Es liegt in der Natur der Sache, dass in KPs Nachlass keine verwendeten Reinzeichnungen erhalten sind, da diese ja in den Besitz des Auftraggebers übergingen. Es fanden sich lediglich wenige Beispiele von Arbeiten im Stadium der Reinzeichnung, die noch einmal neu gezeichnet oder aus unterschiedlichen Gründen für den Druck nicht verwendet worden waren.

Reinzeichnung: Farbauszug.

Die Reinzeichnung muss man sich nicht so vorstellen, dass der vollständige Entwurf lediglich sorgfältiger – sozusagen 'ins Reine' – ausgeführt wurde. Vielmehr wurden in der Regel die einzelnen Bestandteile eines Entwurfs

(Schriften, Markenzeichen, Abbildungen etc.) unterschiedlich behandelt und erst bei der Reproduktion in der Druckvorstufe auf fotolithografischem Wege zusammengefügt. Lediglich bildhafte Darstellungen (in dem Sprengel-Beispiel also die Nüsse und Blätter) wurden tatsächlich 'ins Reine' gezeichnet – meist auch vergrößert, um durch die Verkleinerung im Druckbild eine größere Schärfe zu erreichen.

Besonders gestaltete Schriftzüge wurden separat ausgeführt, oft auch als Farbauszug. Von den Firmensignets oder besonderen, evtl. geschützten Markenbezeichnungen[1] lieferte der Auftraggeber oft fotografische Vorlagen, bzw. Filme, von denen direkt reproduziert werden konnte. Texte in Standardschriftarten ließ KP in einer handwerklichen Druckerei absetzen und montierte sie in den Entwurf. Die einzelnen Träger erhielten Passkreuze, so dass die Bestandteile des Entwurfs exakt übereinander passten.

> Soweit dies sich rekonstruieren lässt, wird es sich bei der vorstehenden Kino-Werbung 'Storck' um eine zweifarbige Ausführung gehandelt haben. Die hier weiß erscheinenden Bildteile werden als vermutlich heller Untergrund und die schwarzen Bildteile in einer kräftigeren Farbe ausgeführt worden sein.

Um Passform und Bildeindruck zu überprüfen wurde mit Klarsichtfolie gearbeitet, die an den Zeichenkarton mit dem Grundentwurf geklebt wurde. Dies machte eine außerordentlich genaue Arbeitsweise erforderlich.

Bei dem nachstehend wiedergegebenen Fond für eine Tafelschokolade 'Mokka' handelt es sich offensichtlich um eine Reinzeichnung, die – aus welchen Gründen auch immer – durch eine andere, evtl. besser gelungene ersetzt worden ist. Zumindest lässt sich dies aus der Genauigkeit der Darstellung der Kaffeebohnen schließen. Marke und Firmen-Signet sowie weitere Texte konnten so separat gezeichnet und als Aufleger hinzugefügt werden, wenn die Endmontage nicht überhaupt erst in der Druckvorstufe erfolgte.

Die hier beschriebenen und sehr aufwändigen Arbeitsweisen wurden mit der Verbreitung des rechnerbasierten Designs natürlich obsolet. Die Bildbearbeitungsprogramme arbeiten charakteristischerweise mit Ebenen (Layer), die separat bearbeitet werden können. Bei farbigen Abbildungen erfolgt die Farbseparation in der Druckvorstufe nicht mehr mit Hilfe von (physikalischen) Filtern sondern rechnergestützt.

Wenn im Zusammenhang mit der Druckvorbereitung auch heute noch von Reinzeichnung gesprochen wird, so ist dies ein sprachlicher Anachronismus. Im heutigen Sinne wird darunter meist die Aufbereitung der Dateien, wie sie

---

1 Interessanterweise durfte das Schweizer Kreuz trotz der vielen Schokoladen-Hersteller in der Schweiz als Signet nicht verwendet werden. Man behalf sich mit dem Münzen-Signet 'Schweizer Vreenli'.

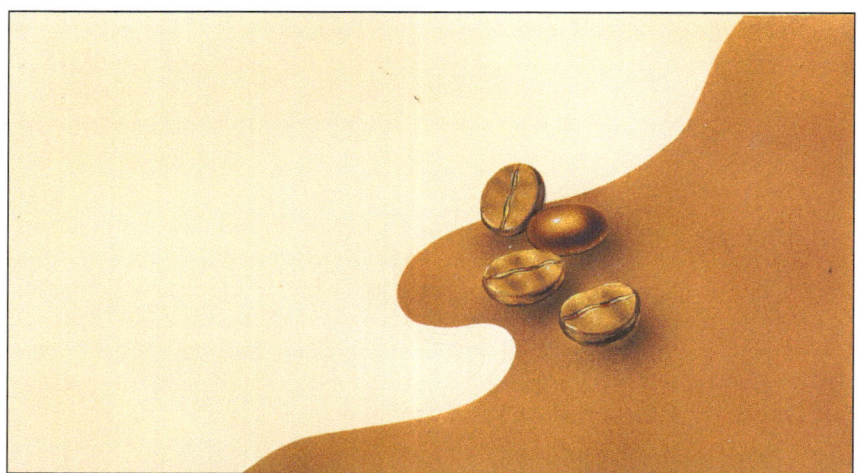

Fond für eine Tafelschokolade 'Mokka' der Firma Waldbaur als Reinzeichnung, wie die sehr realistisch gezeichneten Kaffebohnen deutlich machen. Es geht hier um die Darstellung der Brauntöne im Mehrfarbendruck.

vom Grafiker kommen, für den Druck verstanden. So etwa die Überprüfung auf Normgerechtigkeit der Bilddaten, Beschnitt-Ränder, Erstellung von Stanzformen für Verpackungen, Aufbau von Veredelungsformen (z.B. Lacke, Prägung), Überfüllung. Vieles davon kann auch automatisiert durch Programme vorgenommen (Preflight) oder händisch korrigiert werden. Überarbeitung, Korrektur und Veränderung von Entwürfen sind daher viel leichter vorzunehmen, während eine traditionelle Reinzeichnung der vordigitalen Zeit schlicht neu gezeichnet werden musste, falls etwa der Auftraggeber Änderungswünsche hatte oder dem Grafiker Fehler unterlaufen waren.

Pausen – Pausen

Eine zentrale Rolle im Entwurfsprozess spielten die 'Pausen'. Diese 'Pausen' enthielten Kopien der Umrisse der zeichnerischen Elemente eines Entwurfs auf Transparentpapier, die zur Übertragung auf einen weiteren Entwurf oder eine Reinzeichnung benutzt wurden.[1]

Die Sammlung dieser Pausen stellte sozusagen das persönliche Archiv dar, den Fundus von zeichnerischen Elementen, auf dem in vielfältiger Weise für die weitere Arbeit aufgebaut werden konnte.

Es ist immer zu bedenken, dass noch keine Kopiergeräte verfügbar waren, geschweige denn die Copy-and-Paste-Funktion am Rechner, die es heute mühelos erlaubt, Design-Elemente aus einem Entwurf in einen anderen zu übernehmen.

Karl Pauschs Sammlung von Pausen umfasste hunderte von Blättern, die systematisch nummeriert sind

Da, wie erwähnt, die finalen Entwürfe und Reinzeichnungen ohnehin im Besitz der Auftraggeber blieben, stellen diese Pausen den Löwenanteil an Originalen aus dem zeichnerischen Nachlass KPs dar. Es fanden sich mehr als 500 dieser Blätter, die vielfach mehrere zusammenhängende Motive oder Entwürfe enthalten. Auch dies ist nur ein Teil der ursprünglich vorhandenen Blätter, da KP in seinen letzten Jahren die Sammlung um Unwesentliches und weniger Gelungenes bereinigt hat.

Die Pausen waren meist so organisiert, dass wiederkehrende Elemente einer Entwurfsserie (etwa bei Tafelschokolade) nur einmal gezeichnet wurden und die wechselnden Einzelmotive – etwa für die unterschiedlichen Geschmacksrichtungen – auf einem separaten Blatt zusammengestellt wurden. So etwa

---

1 Es liegt in der Natur der Sache, dass die Pausen sehr kontrastarm sind. Hinzu kommt, dass das Transparentpapier nach rund 70 Jahren vergilbt ist. Die Wiedergabe der gescannten Blätter auf diesen Seiten unterliegt daher einem Kompromiss zwischen dem Aussehen des Originals und der moderaten Kontrastverbesserung durch ein Bildbearbeitungsprogramm.

wurde für eine Serie von Tafelschokoladen in der Regel nur der Entwurf für die (ohnehin meistverkaufte) Milchschokolade komplett ausgeführt. Nur hier waren der Fond (das Hintergrundbild) mit Firmenzeichen und Serientitel sowie die Schriftzüge für die Geschmacksrichtung auf dem Spiegel und den Seitenteilen vollständig gezeichnet. Oft sind aber auch die sich wiederho-

Schokoladenserie der Firma Peitsch: Die Einzelmotive für die verschiedenen Geschmacksrichtungen sind auf dem gleichen Blatt notiert.

lenden Teile grob skizziert und nur die jeweils geänderten Motive im Detail ausgeführt, um die Position zu kennzeichnen und den Gesamteindruck abschätzen zu können. Wie oben bereits dargestellt, wurde in ähnlicher Weise ja auch bei der Ausführung der Reinzeichnungen verfahren: Die einzelnen Bildteile wurden mit Hilfe der Pausen von dem endgültigen Entwurf in die Reinzeichnung übertragen und erst in der Druckvorstufe zusammengesetzt.

Den Arbeitsvorgang muss man sich folgendermaßen vorstellen: Benutzt wurde ein halbtransparentes, sehr glattes und haltbares Papier. Dieses Papier wurde auf einen vorhandenen Entwurf (nicht selten wohl auch auf einen fremden, um davon 'abzukupfern'), ein Foto oder eine sonstige Abbildung gelegt. Die Umrisse der durchscheinenden Zeichnung wurden dann mit ei-

Beispiel aus dem Pausen-Fundus: Wiederkehrendes Motiv für 'Alpen'-Vollmilch.

nem Kugelschreiber-ähnlichen Gerät (Stift mit runder Spitze) ohne Farbe, bzw. mit einem harten Bleistift, vorsichtig nachgefahren. Häufig wurde nicht die Vorlage selbst genutzt, sondern mit Hilfe der 'Vergrößerungskiste' (s.o.) ein vergrößertes oder verkleinertes Abbild auf eine milchige Folie projiziert, auf die dann das Transparentpapier gelegt werden konnte. Die Übertragung auf die neue Arbeit erfolgte reziprok: Der Umriss wurde nun von der Pause auf den Zeichenkarton für den neuen Entwurf durchgedrückt.

Es entstand also nur ein Abdruck der Umrisse. Der schwach sichtbare Durchdruck konnte dann mit Farbe nachgezogen, ausgefüllt oder sonstwie verwendet werden.

Diese Technik wurde natürlich auch für vorgegebene Schriftzüge, Firmensignets oder Markenzeichen genutzt, die ja (legitimerweise) immer wieder identisch in neue Entwürfe kopiert werden mussten. Wichtig für die eigenständig künstlerische Arbeit waren aber vor allem eigene Motive, Schriftentwürfe, Muster und Strukturen, die man wiederverwenden konnte, visuelle Notizen gewissermaßen. Die Pausen stellen also keineswegs nur ein mechanisches Arbeitsmittel dar.

Angesichts der Menge des hinterlassenen Ma-

Orientalisches Mokka-Kännchen (Cezve), das als Motiv für Mokka-Schokolade mehrfach Verwendung fand. Bei dem vorliegenden Beispiel ist die Pause schon ungewöhnlich detailliert ausgeführt.

terials können in dieser Schrift nur ausgewählte Blätter wiedergegeben werden, die aber oft durch die gekonnte Strichführung und die wiederholte Überarbeitung einen eigenen visuellen Reiz entfalten.

Fotografische Arbeitsmittel

Eine wichtigen Rolle für den gesamten Entwurfsprozess, vor allem in der Endphase bei der Erstellung der Reinzeichnung bzw. von Farbauszügen spielten fotografische Arbeitsmittel und die entsprechenden Geräte und Materialien (s. auch den Abschnitt über die 'Vergrö-ßerungskiste'). Auch dies war für KP ein Alleinstellungsmerkmal gegenüber den meisten seiner Kollegen mit vergleichbarem Arbeitsgebiet.

Glasnegative: Rechts eine Aufnahme Ende 1930er Jahre von KP mit Pfeife und Mütze.

KP hatte sich schon in den 1920er Jahren für die Fotografie als Hobby interessiert, als dies noch kaum Verbreitung im privaten Bereich gefunden hatte. Erhalten sind sorgfältig bearbeitete Aufnahmen aus dem Fenster der elterlichen Wohnung mit Blick auf den Freisinger Dom.

In den 1950er Jahren existierte im Herforder Haushalt noch eine alte Balgenkamera aus der Vorkriegszeit, die mit Glasnegativen im Format 6x9 oder dann auch mit konfektionierten 'Filmpacks', bestehend aus mehreren Blatt Negativ-Planfilm, beschickt werden konnte. Zum Belichten musste dann eine Blechplatte vor den Negativen herausgezogen werden, um den Lichtweg freizugeben. (Auch dies eines der Arbeitswerkzeuge, von denen Hedwig Pausch in der ersten Nachricht in die Kriegsgefangenschaft geschrieben hatte: "Werkzeug vorhanden")

Es kann als sicher gelten, dass KP schon in der Zeit der Lehre und frühen Berufstätigkeit als Setzer das Potential der Fotografie für seine berufliche Entwicklung im Auge hatte, zumal im Druckgewerbe ja mit Druckplatten/Klischees gearbeitet wurde, die auf fotolithografischem Wege hergestellt werden.

So war es für KP selbstverständlich, bei dem Neuanfang nach der Rückkehr aus der der Kriegsgefangenschaft bei der Einrichtung seiner Arbeitsumgebung auch eine Dunkelkammer vorzusehen. Anfänglich war dies lediglich eine Nische im Arbeitsraum, die sich durch einen lichtdichten Vorhang abtrennen ließ. Nach dem Umzug in das eigene Haus 1961 gab es dann aber einen komfortablen, beheizten Kellerraum, der ausschließlich für fotografische Arbeiten sowie für Anfertigung von verkleinerten bzw. vergrößerten Kopien auf den bereits erwähnten Pausen diente.

In der Dunkelkammer lagerten die verschiedenen Sorten licht- empfindlicher Papiere und Planfilm in den typischen roten Schachteln der Firma Agfa. Von den Standardsorten für Amateure unterschieden sich insbesondere Papiere und Filme für 'harte' s/w-Darstellung ohne Graustufen, die vor allem bei der Erstellung von Reinzeichnungen benötigt wur-

Umschlag für großformatiges Fotopapier aus dem Bestand von KPs Dunkelkammer

den. Anders als die standardisierten Formate, wie man sie bei Abzügen aus den Fotolabors kennt, kaufte KP Fotopapiere und Planfilm meist im Format von 30x40 cm, von denen dann Stücke in der jeweils benötigten Größe abgeschnitten wurden.

Die Dunkelkammer enthielt natürlich auch die übrigen notwendigen Utensilien für die fotografischen Arbeiten: Fotochemikalien zum Selbstansetzen, Flaschen mit Entwicklerlösung und Fixierbad, gläserne Wannen für die Bäder und vor allem Leuchten mit Lichtquellen, für die das Fotomaterial unempfindlich ist.

KP verschwand oft stundenlang in der Dunkelkammer, um etwa Schriftzüge zu verkleinern, diese dann auf dünnem(!) Fotopapier auszubelichten, so dass sie ausgeschnitten und in die Zeichnung eingeklebt werden konnten. Die Laborchemie war ausschließlich auf Schwarz-Weiß-Technik ausgelegt.

Erst in den 1970er Jahren erweiterte KP seine Ausstattung auch auf die Bearbeitung von Farbfilmen – vornehmlich allerdings um private Aufnahmen selbst bearbeiten zu können. Er erreichte jedoch mit der damals noch recht komplizierten Farb-Chemie nie die Qualität der Film-Entwicklung, wie man sie inzwischen von den professionellen Fotolabors gewohnt war. Insofern blieb die berufliche Nutzung der Fotografie für KP auf die Schwarz-Weiß-Technik beschänkt.

Überzähliges fotografisches Papierbild, das für Farbauszüge bei einer Schokoladen-Serie mit Tierkreiszeichen genutzt wurde.

Hier aber waren die fotografischen Hilfsmittel integraler Bestandteil seiner alltäglichen Arbeit. Unersetzlich war vor allem die Möglichkeit, feingliedrige Bildelemente, Schriften oder Logos vergrößert zeichnen zu können, und dann durch Verkleinerung auf die endgültig benötigten Maße eine größere Schärfe zu erzielen.

Hilfreich war es natürlich auch, wiederkehrende Schriftzüge oder Motive gleich mehrfach zu kopieren und dann in die Reinzeichnung zu montieren. Insofern erfüllten diese fotografischen Hilfsmittel die Funktion, die später die Fotokopierer übernahmen.

Ein Beispiel: 'Dr. Best'

Eines der wenigen Beispiele aus dem Nachlass, bei dem Vorentwürfe, Pausen und ein fertiger Entwurf als umfangreicheres Ensemble erhalten sind, ist eine Werbung für den Hersteller von Zahnpflegmitteln, Dr. Best. Dennoch wird es sich wohl nur um einen Restbestand der ursprünglich erstellten Entwürfe handeln. Fehlende Bausteine lassen darauf schließen, dass diese entweder verwendet oder versandt worden sind.

Es könnte sein, dass das Projekt als Bewerbungsarbeit oder Wettbewerbsbeitrag im Zusammenhang mit dem Relaunch oder der Weiterentwicklung der Marke entstanden ist. 'Dr. Best' gilt in der Branche als PR-Ikone.

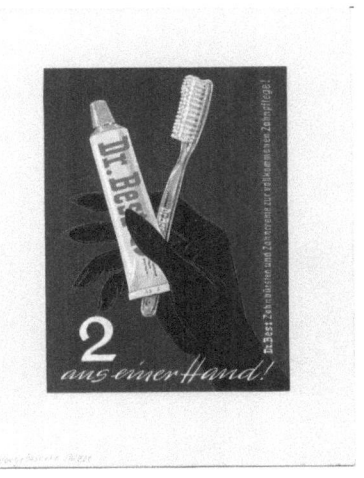

"Entwickelt wurde die Marke bereits 1953[1] von der Firma M+C Schiffer. Die Marke wurde 1970 verkauft, als das Unternehmen sich auf die reine Zulieferung von Zahnbürsten spezialisierte. 1974 fusionierte der Markenbesitzer, die Lingner-Werke in Düsseldorf, mit den Fischer-Werken in Bühl zu Lingner + Fischer. Diese wiederum gingen 1989 im Konzern SmithKline Beecham auf und gehören seit 2000 zu GlaxoSmithKline." [WP: *Dr. Best*. 2022-07-06]

Wann sich KP mit der Marke beschäftigt hat, ist aus den erhaltenen Artefakten nicht erkennbar. Allerdings zeigt der Entwurf noch nicht den flexiblen Hals der Bürste, der in den späten 80er Jahren als Alleinstellungsmerkmal besonders beworben wurde.

Die Grundidee der damaligen Kampagne war, Zahnpasta und Zahnbürste unter einer Marke zu verkaufen, was bis dahin nicht der Fall war, da es sich ja um völlig verschiedene Herstellungsprozesse handelt und die Hersteller ihre Produkte ursprünglich selbst vertrieben.

Wie den Artefakten zu entnehmen ist, hat KP zu dieser werblichen Idee mehrere Grundentwürfe skizziert. Besonders charmant ist die Idee, Bürste und Tube als Liebespaar zu inszenieren. Ein ausgeführter Entwurf hierzu fehlt allerdings. Es ist möglich, dass die Slogans "2 aus einer Hand" und "Aufeinander abgestimmt" KPs Erfindung waren. Jedenfalls finden sich bei seinen Arbeiten oft Versuche, auch werbliche Bezeichnungen oder Texte selbst zu entwickeln.

Da es zu den hier vollständig wiedergegebenen Materialien 'Dr. Best' im Nachlass selbst keine authentischen Aussagen über Zweck und Anlass der Arbeit gibt, stellen die oben angeführten Erläuterungen lediglich Vermutungen dar. Eine Anfrage an die Pressestelle der Firma GlaxoSmithKline blieb unbeantwortet.

Insofern sollen die Zeichnungen zunächst für sich selbst stehen und KPs Arbeitsweise als Beispiel für die Vorgehensweise in der vordigitalen Zeit demonstrieren.

Ausschnitte in etwa vierfacher Vergrößerung zeigen die Genauigkeit des Pinselstrichs, wie er wohl nur unter der Lupe zu erreichen ist. Die gröbere Struktur des Pinselstrichs wird erst in der Vergrößerung sichtbar. Dennoch ist die zeichnerische Qualität der Skizze so gut, dass der Charakter einer Endfassung für die Abnahme durch den Auftraggggeber klar erkennbar ist.

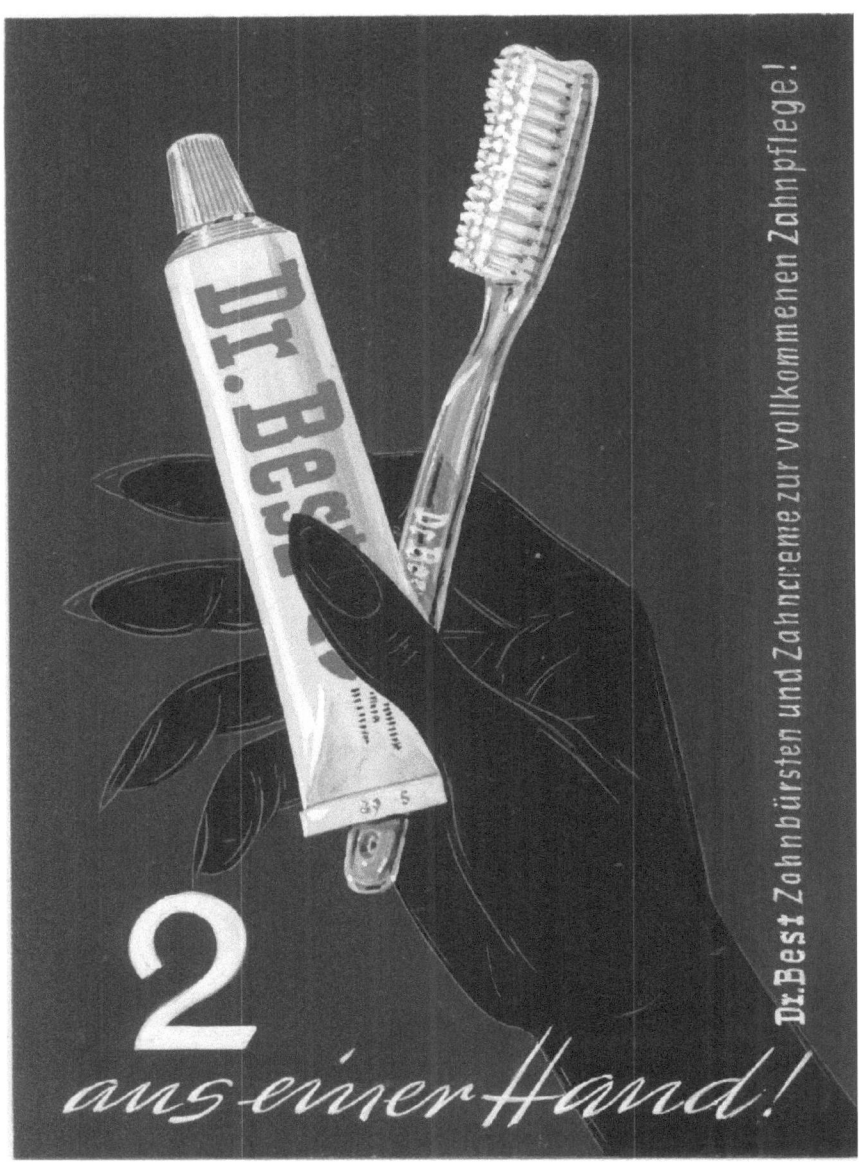

Der ausgeführte Entwurf trägt die Notiz in KPs Handschrift: "vergrößerte Skizze". Er ist schon sehr genau durchgezeichnet (s. Ausschnitt-Vergrößerungen).
Er ist vermutlich multifunktional für Aufsteller, Prospekte oder Zeitschrif-
ten-Annoncen konzipiert, die damals noch überwiegend monochrom gedruckt
wurden.

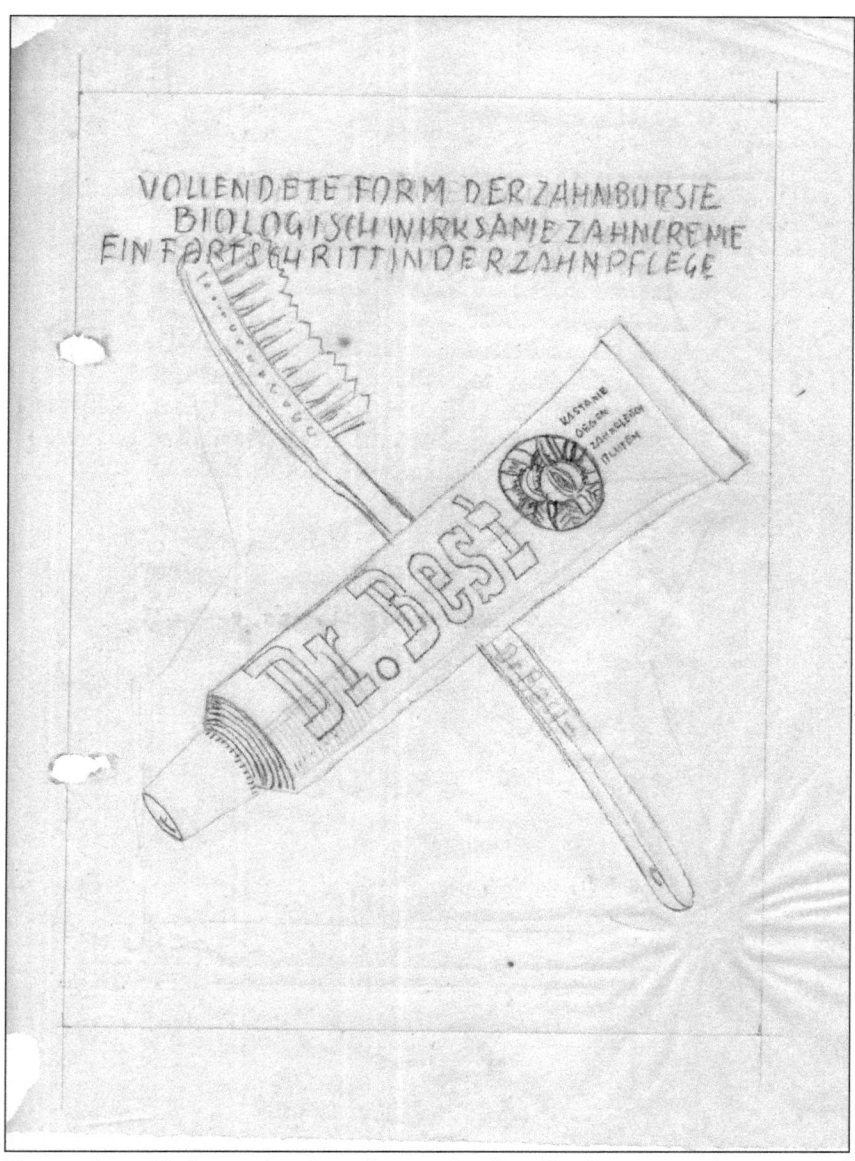

Eine weitere Variante des Grundentwurfs, die allerdings nur als Pause auf halbtransparentem Papier zum Übertragen der Skizze auf Karton vorliegt.

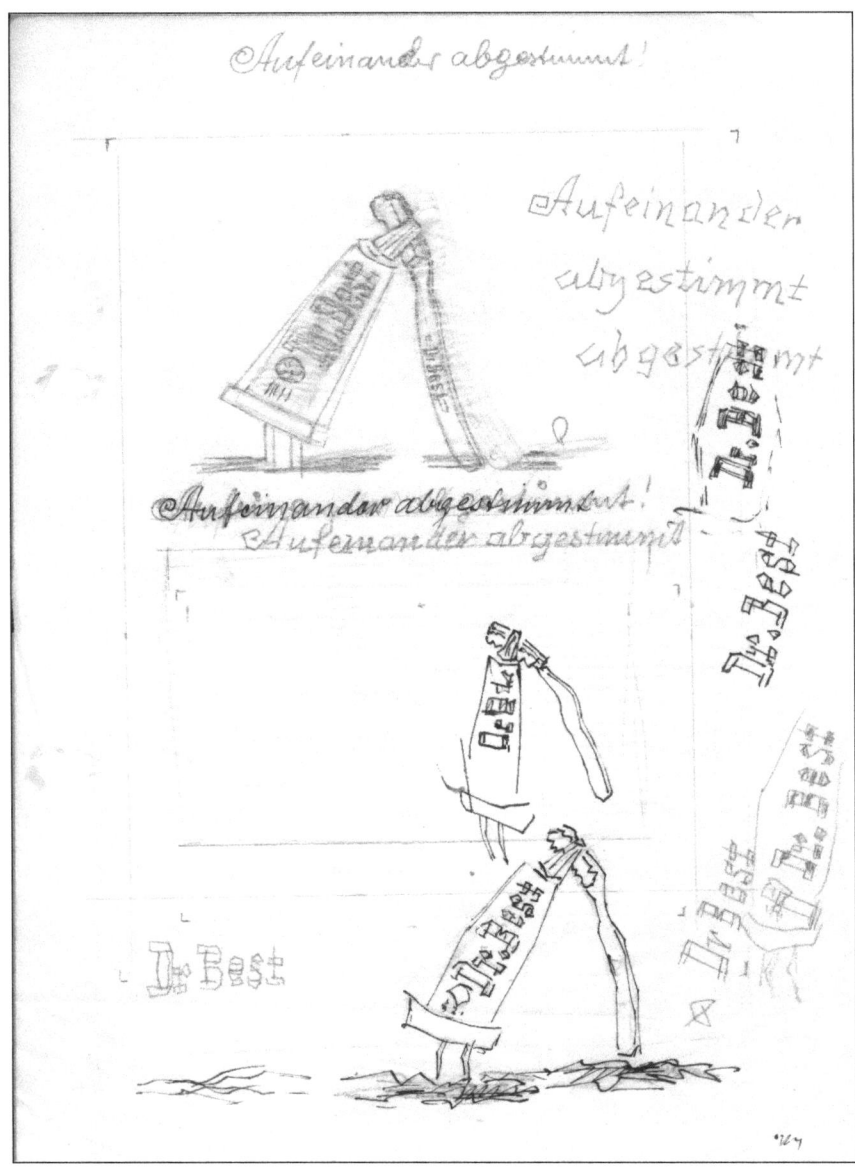

Transparentpapier mit ersten gedanklichen Skizzen für das Motiv. Der Grundgedanke, Zahnbürste und Tube personifiziert als Liebespaar zu präsentieren, könnte durchaus von KP stammen. Jedenfalls gibt es ähnliche 'Hintergedanken' wiederholt in seinen Arbeiten.

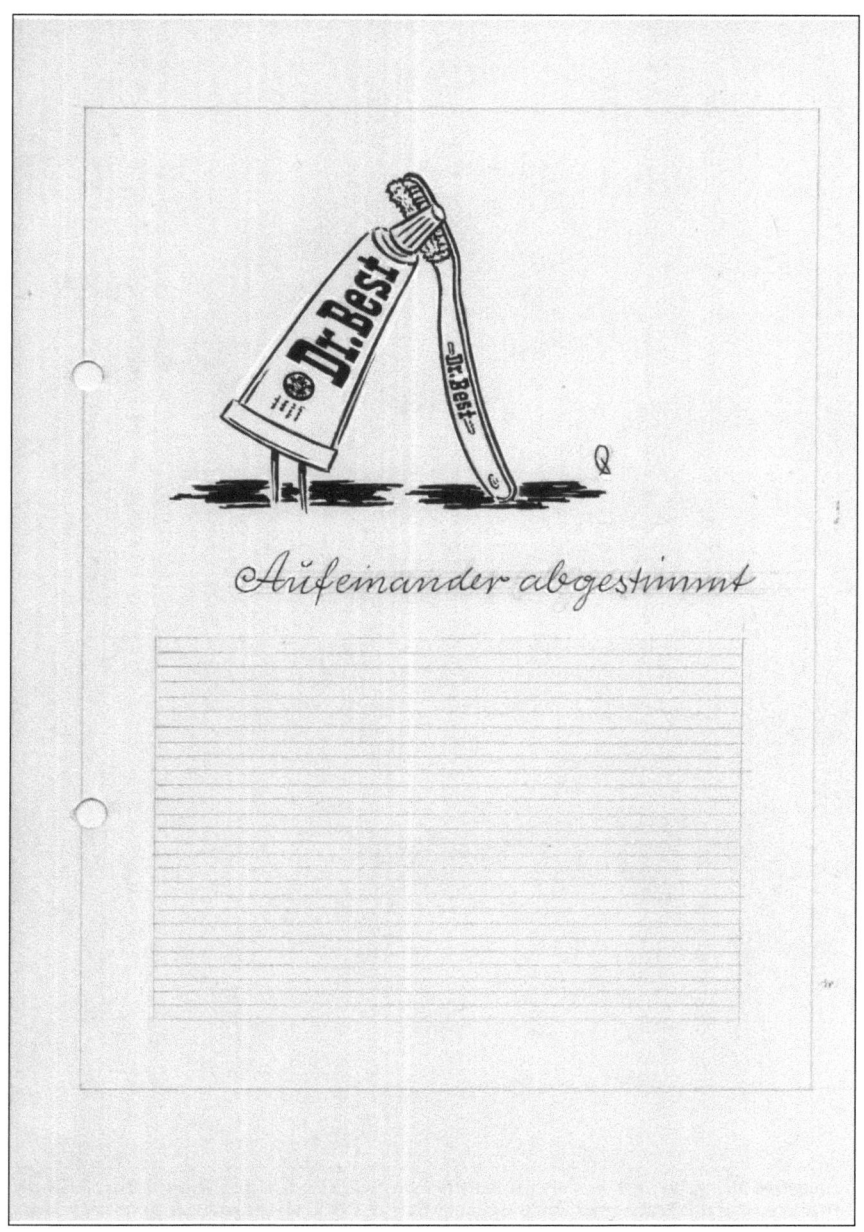

Für den hier bereits genauer herausgearbeiteten Entwurf war offensichtlich ein zugehöriger Text vorgesehen.

Hier noch einmal das 'Liebespaar'-Motiv als eine Art freikünstlerischer Tusche-zeichnung ausgeführt – sogar mit Signatur.

Galerie nachgelassener Arbeiten

Auf den folgenden Seiten ist eine kleine Auswahl von Arbeiten zusammengestellt, wie man sie – zusammen mit kurzen Erläuterungen – vielleicht auch in
einer Ausstellung präsentieren würde.

Von sämtlichen, hier reproduzierten Arbeiten sind die zugehörigen Original-
zeichnungen vorhanden. Eine Ausnahme bilden lediglich einige Entwürfe,
die sich im Nachlass als Druckmuster fanden, bei denen aber mit großer Sicherheit rekonstruiert werden konnte, dass sie auf Entwürfe aus KPs Hand
zurückgehen.

Freikünstlerische Arbeiten

Karl Pausch fühlte sich immer auch als freischöpferischer Künstler und verband damit ein entsprechendes Ethos, das der Tätigkeit des Künstlers einen

Als Erinnerungsstück fand sich in KPs Nachlass auch ein offensichtlich handgefertigter Holzkoffer aus den 1930er Jahren für die wichtigsten Malutensilien, dessen Deckel das hier wiedergegebene Signet trägt.

besonderen Wert zuschreibt. Wann immer es Zeit und Gelegenheit neben dem Broterwerb und den Alltagsaktivitäten gab, zeichnete und malte er ohne Auftrag und besonderen Anlass. Typische Sujets waren:

– Porträts (insbesondere auch Selbstporträts) nach Fotos
– Blumen/Blüten
– Landschaften (meist Reisemotive)
– hervorstechende Gebäude oder Ortspartien (häufig aus Herford)
– Studien (hauptsächlich von Körperpartien und ihrer Bewegungscharakteristik)

Zu den freikünstlerischen Werken sind sicher auch einige besondere Arbeiten zu rechnen, die während oder auf Anregung der Weiterbildungskurse in Bielefeld und Leipzig entstanden, die KP besuchte.

Darüber hinaus gibt es eine Vielzahl von Illustrationen in Tagebüchern oder Foto-Alben, die durch ihre Frische bestechen.

Die künstlerische Qualität der Arbeiten aus den frühen Jahren steht keineswegs hinter den späteren Werken zurück. Die Kopfstudien etwa, die wohl im Zusammenhang mit dem Besuch der Bielefelder Werkkunstschule (Kraft, Lesemann) standen, sind Beispiele dafür. Solche Studien von menschlichen Körperteilen, aber auch von Tieren oder einzelnen Szenen hat KP auch später immer wieder angefertigt, vielfach auch als Vorarbeit für besondere Entwürfe im Bereich der angewandten Grafik.

Porträts

Aus den späteren Jahren sind eine Reihe von Familien- und Selbstporträts erhalten. Sie zeigen die Personen aber regelmäßig in jüngerem Lebensalter und sind auf der Grundlage von Fotos gearbeitet. Eine Sonderstellung nehmen die nebenstehenden Porträts von Lina und Wilhelm Busold dar, den Eltern von Hedwig Pausch. Sie entstanden in Anlehnung an ein Verlobungsfoto o.ä etwa aus dem Jahr 1895.

Wie auch die im folgenden wiedergegeben Porträts von Karl und Hedwig Pausch stehen sie in der Tradition der Pendant-Bilder, d.h. Bilder – meist von Ehepaaren – die aufeinander bezogen sind. Solche Porträts gibt es bereits seit der Antike. Sie symbolisieren die Zusammengehörigkeit der dargestellten Personen. Adlige und begüterte Ehepaare des Bürgertums ließen sie für den repräsentativen Salon oder Wohnraum anfertigen. Seit dem 19. Jahrhundert wurden solche Bilder

Die zugrunde liegenden Fotos stammen etwa aus dem Jahr 1895. Die Porträts sind mit 'Karl Pausch 50' signiert.

auch als retuschierte, vignettierte und schön gerahmte Fotografie ausgeführt. Karl Pausch wird diese Tradition bekannt gewesen sein, zumal dies wohl auch Teil des Broterwerbs seines Vaters gewesen ist.

Auffallend ist, dass sich KP sowohl bei künstlerischen Arbeiten wie auch in anderen Zusammenhängen, etwa der Recherche nach Vorfahren, primär der Familie Busold widmete, während von seiner eigenen Familie keine Bildnisse vorliegen.

Die hier wiedergegebenen Porträts von Hedwig und Karl Pausch sind nach Fotos aus den 1930er Jahren aquarelliert. Wie auch bei den zusammengehörigen Porträts von Lina und Wilhelm Busold, den Eltern von Hedwig Pausch (s.o.), sind die Bilder keineswegs fotorealistisch ausgeführt.

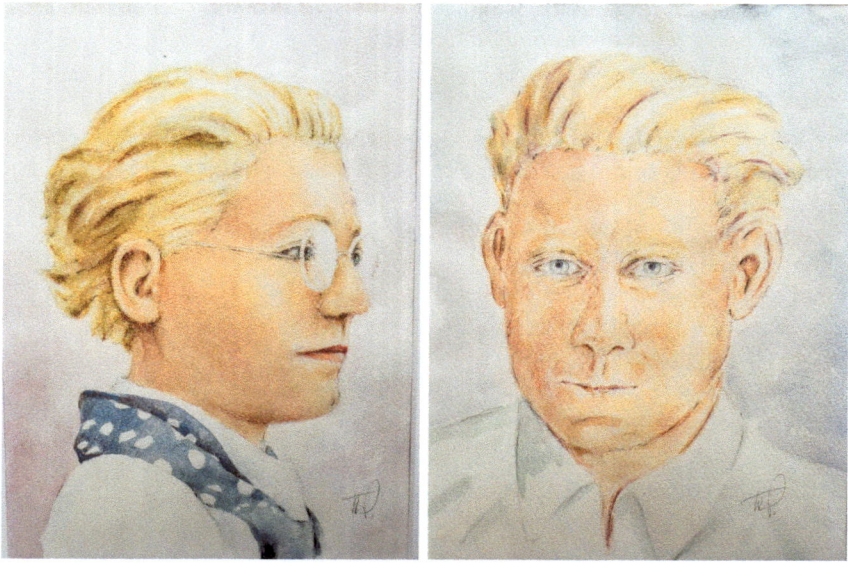

Hedwig und Karl Pausch (Aquarelle aus den 1960er Jahren nach Fotos vom Anfang der 30er)

Aus den 1930er Jahren gibt es zahlreiche Fotos von Hedwig Busold, die sie als junge Frau – damals eben Karl Pauschs Freundin – zeigen. An diese unbeschwerte Zeit wird sich KP erinnert haben, als er in den 1950er oder 60er Jahren eines dieser Fotos zur Grundlage für das hier reproduzierte Porträt machte.

Das Auarell zeigt Hedwig Pausch als junge Frau. Es wird in den 1960er Jahren nach einem Foto aus den 1930ern gezeichnet worden sein.

Blumen und Blüten

Ein weiteres Sujet, das KP von jungen Jahren bis ins Alter immer wieder aufgriff, waren Blumen-Stillleben, gelegentlich auch nur einzelne Blüten. Meist stellte er sich einen einzigen Stängel in ein Wasserglas und zeichnete ihn nach. Vor allem das Aquarell entsprach dem zarten Charakter dieser Motiv-Kategorie. Blumen waren aber auch immer wieder ein Motiv, das sich für die Verwendung bei angewandten Arbeiten eignete: Blumen sind bis heute ein Standardmotiv für Pralinen-Schachteln und andere Artikel, die eine Nähe zu Geschenk, Gratulations- und Ehrentagen aufweisen. So verband sich hierin Freikunst und Anwendung.

Die Blüte stammt aus einem Aquarell auf grobem Karton, das als Vorarbeit für den Entwurf einer Pralinenschachtel verwendet wurde.

Bei dieser Zeichnung von 1927 wird es sich um eine Übungsarbeit aus der Berufsschulzeit handeln. Besonders gelungen ist die Anordnung der einzelnen Elemente zusmmen mit der Beschriftung sowie der Kontrast zwischen dem farbigen Zweig und den mit Bleistift skizzierten Einzelblüten.

Auch dies eine Schülerarbeit des 15jährigen, die gut gegen spätere Zeich-nungen bestehen kann.

Beispiel aus einer Serie von Blumen-Aquarellen (1970er Jahre)

Landschaften

Landschaftsdarstellungen sind vornehmlich in Form von Illustrationen in Reisetagebüchern und Fotoalben erhalten. Nicht selten zeigte sich dabei ein Hang zu 'romantischen' Szenerien, wie sie im folgenden wiedergegeben sind.

Eine Besonderheit bei diesem Sujet stellt dabei das bereits veröffentlichte 'Taschenbuch' aus der Kriegsgefangenschaft dar: Das Fotografieren für private Zwecke sowie die Mitnahme von Fotos bei der Rückkehr war den Gefangenen streng untersagt. Es blieben nur Zeichnungen zur Illustration. Ein Beispiel ist die auf S. 99 wiedergegeben Darstellung der Zementfabrik an der Newa, bei der KP im Arbeitseinsatz war.

Brandung an der Küste von Biarritz

Die hier wiedergegebene Zeichnung aus den 1970er Jahren ist typisch für die Skizzen, mit denen KP Fotoalben oder Reisebeschreibungen in Tagebüchern bereicherte.

Tuschezeichnung o.D. (vermutlich frühe 1950er Jahre): KP liebte idyllische Motive, wie sie in der romantischen Malerei gängig waren.

Skizze aus einem Fotoalbum (1980er Jahre)

Darstellung aus dem 'Taschenbuch – in Kriegsgefangenschaft*': Zementfabrik an der Newa (1947)

Großformatiges Aquarell "Gamsleitenspitze" (o. D., 1980er Jahre)

Studien

Auch bis in die späteren Jahre gab es Übungsarbeiten, die KP explizit als Studien gekennzeichnet hat, sowie kleine Nebenzeichnungen von Details auf größeren Arbeiten. Die Qualität dieser Studien, die oft auch signiert sind, lässt darauf schließen, dass sie nicht nur als Übungsarbeiten im engeren Sinne sondern als vollwertige künstlerische Werke gemeint waren.

Selbst die Nebenzeichnungen, die – meist mit weichem Bleistift ausgeführt – Details als Vorübung oder Probedarstellung skizzieren, haben oft einen schöneren/lockereren Strich als die endgültige Ausführung. Es lohnt sich daher manchmal, diese kleinen Zeichnungen herauszuvergrößern und als selbstständige Arbeiten zu betrachten.

Büffelgespann, o.D. Rechts oben auf dem Blatt Details als Probezeichnung, die unten noch einmal vergrößert wiedergegeben sind.

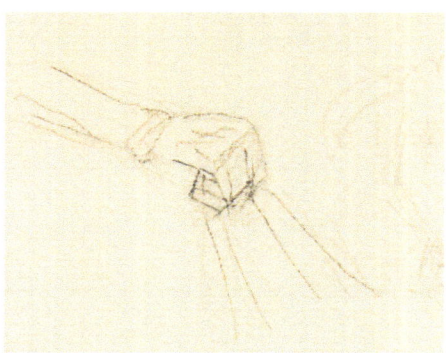

Kopfstudie von 1936 (Ausschnitt)

Aus dem 'Taschenbuch in Kriegsgefangenschaft', 1947

Ebenfalls aus dem 'Taschenbuch in Kriegsgefangenschaft', 1947.

Die Kopfstudie aus den 1970er Jahren ist als Pause erhalten. Sie diente offensichtlich als Vorstudie für eine andere Arbeit.

Gebrauchsgrafik

Mit wenigen Ausnahmen arbeitete KP als selbständiger Grafiker ausschließlich für die Verpackungsindustrie im Lebens- und Genussmittelsektor mit einem deutlichen Schwerpunkt bei Schokolade. Den Anforderungen dieser Branche entsprechend sind die Entwürfe in der Regel konventionell, aber immer handwerklich gekonnt gearbeitet.

Über den Druckvorgang im engeren Sinne hinaus kommen gerade in der Verpackungsindustrie besondere Materialien und Verfahren zum Einsatz, die einerseits den Eigenschaften des jeweiligen Verpackungsguts geschuldet sind (z.B. Folien, besondere Kartonagen, vor allem aber auch die materielle Form) und die zum anderen durch Veredelungsverfahren wie Prägedruck, Bronzierung oder Lackieren eine besondere Wertigkeit signalisieren sollen. Schon bei der Auftragsvergabe wurde unterschieden zwischen 'Konsumware' mit einfacherer Aufmachung und der Ausstattung für höherwertige Produkte, die durch den Zeichenstil und die Verwendung besseren Materials eine andere Zielgruppe ansprechen sollte.

Diese Besonderheiten sind ja auch beim Entwurf der Verpackung zu berücksichtigen. Druckerzeugnisse für Pralinen-Schachteln oder Tafeleinschläge haben ja nie ein einfaches, rechteckiges Format wie Zeitschriften, Bücher, Prospekte, Kataloge etc., sondern eine komplexe Abwicklung, die erst durch maschinelle Faltprozesse ihre endgültige Form erhalten. KP tüftelte oft über 'Schnittmustern' für Schachteln, Klotzbeutel oder Schokoladen-Einschläge. Teilweise gab es bei eingeführten Produkten Blanko-Vorlagen von der Druckerei. Nicht selten aber wurden die Stanzmesser erst nach dem Entwurf erstellt. Immer aber war es nötig, die Elemente eines Entwurfs auf der Zeichnung so anzulegen, wie es an der späteren Schachtel, dem Beutel oder Einschlag zu sehen sein sollte. Dies ist ja nicht nur eine Sache der formellen Anordnung sondern es ist auch der visuelle Eindruck der Packung von allen Seiten zu berücksichtigen. In KPs Atelier gab es daher immer auch eine Reihe von Blindmustern ohne Inhalt und Druck. Vor allem in der Frühphase des Entwurfsprozesses, wenn es zunächst einmal nur um den ersten Eindruck geht, wurden Blankoschachteln ohne Inhalt genutzt und diese mit der Entwurfszeichnung 'bekleidet'.

Tafelschokolade

Sowohl qualitativ wie auch quantitativ spielte die Gestaltung von Einschlägen für Tafelschokolade (vulgo 'Schokolade-Packungen') eine bedeutende Rolle in KPs Tätigkeit. Weit über die Hälfte der Entwürfe und Materialien im Nachlass beziehen sich auf Tafelschokolade. Es ist wohl nicht falsch, KP als Spezialisten für dieses Genre zu bezeichnen.

Der Fundus von Skizzen, Druckmustern und Pausen im Nachlass zeigt, dass hier beinahe seriell gearbeitet wurde. Eine begrenzte Zahl von Grundelementen, Fonds, charakteristischen Motiven und Farbkonfigurationen wurde zu immer neuen Arrangements zusammengefügt. Dennoch unterschied sich dies von der vergleichbaren Vorgehensweise im computergestützten Design: Die Entwurfsbestandteile wurden ja stets vollständig neu gezeichnet, erscheinen daher auch immer wieder im Detail verändert und wurden auch bewusst während des Zeichenprozesses abgewandelt, um Plagiatvorwürfen entgegen zu treten.

Serien

Klassische Tafelschokolade wird fast immer als Serie verschiedener Geschmacksrichtungen produziert. Die Einschläge der jeweiligen Serie erhalten ein einheitliches Grunderscheinungsbild. Den einzelnen Geschmackssorten werden mit dem Ziel der raschen Erkennbarkeit üblicherweise Farbwerte so-

Moderne Schokoladenserie im Regal: Für die meistverkaufte Geschmacksrichtung 'Vollmilch' (r.o. und l.u.) gibt es sogar mehrere Varianten, die durch Abstufungen der Blautöne charakterisiert sind. Unten rechts 'Mokka': Kaffeebraun, 'Bitter-Sahne': Hellbraun, 'Nuss': Grün, 'Zartbitter': helles Braun, 'Edelbitter': dunkles Braun.

wie charakteristische Motive zugeordnet. Hierbei haben sich eine Reihe von Konventionen herausgebildet, die sich auch in KPs Entwürfen niedergeschlagen haben:

Milchschokolade	Milchtopf, Kübel, Sennerin, Kühe, Alpenmotiv etc. Farbkonvention: Blautöne
Nuss-Schokolade	Haselnüsse und -blätter, Eichhörnchen Farbkonvention: grün, braun, oft grün+braun
Bitter-Schokolade	Schokoladenstücke (dunkel), Kakao-Früchte Farbkonvention: Rottöne
Mokka-Schokolade	Mokka-Mühle, orientalisches Motiv (z.B. Moschee, Turban-Träger, 'Kümmeltürke'), Kaffeebohnen, Mokka-Kanne Farbkonvention: Kaffeebraun
Alkohol-Schokolade	charakteristisches Getränkeglas Farbkonvention: meist nur Brauntöne

Es ist nicht verwunderlich, dass die Motiv-Konventionen dem jeweiligen Zeitgeist verhaftet sind. Ob heute noch ein stilisierter 'Türke' die Assoziation 'Mokka' repräsentiert, erscheint zweifelhaft. Bei vielen Schokolade-Verpackungen weicht man heute eher auf neutrale Motive aus, wie Kaffeebohnen, Schokolade-Stücke, Nüsse, Eichhörnchen etc. Die oben angesprochenen Konventionen galten insofern deutlicher für die Zeit bis in die 1970er Jahre, von der hier die Rede ist.

Ohnehin ist die klassische Tafelschokolade heute seltener geworden. Da Kakao ein teurer Bestandteil ist, werden in der Masse Scho-

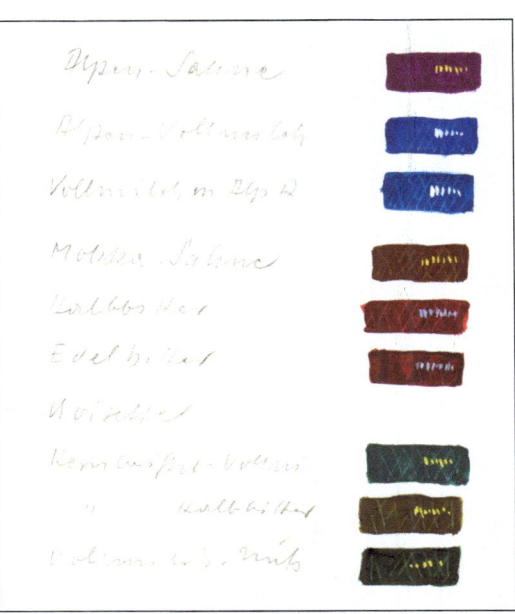

Farbskala für eine Serie Tafelschokolade ('Kernbeißer'), die KP auf einem Kalenderblatt skizziert hat. Die hier wiedergegeben Farben sind nur ein Anhaltspunkt.

kolade-Süsswaren in den unterschiedlichsten Formen und Mischungen angeboten, die oft nur einen geringen Anteil Schokolade enthalten.

Interessant ist vielleicht noch folgender historische Sachverhalt: In der Nachkriegszeit unterlag Tafelschokolade wie auch eine Reihe anderer Nahrungsmittel der Preisbindung, die erst im August 1964 aufgehoben wurde. Dies lässt darauf schließen, dass Schokolade in dieser Zeit noch weniger als Luxusgut sondern als Lebensmittel zur Grundversorgung gesehen wurde. Die Preisbindung, die für alle Hersteller galt, ermöglichte auch kleinen und vor allem aus dem Osten zugezogenen Unternehmen noch ohne Fertigungsstätte die Existenz. Der ab 1949 verfügbare Rohkakao wurde nach einer Quote auf alle Fabrikanten verteilt, so dass sie ihre Schokolade auch in Lohnfertigung herstellen lassen konnten. Mit dem Ende der Preisbindung setzte ein Konzentrationsprozess ein, der für viele der kleineren Hersteller das Aus bedeutete. Dies galt wohl auch für einige der Marken, für die KP bis weit in die 1960er Jahre arbeitete.

Neben den klassischen Sorten von 'Vollmilch' bis 'Mokka' gibt es noch viele Varianten und Mischsorten, wie etwa 'Mandel-Milch und Zartbitter-Nuss',

Beispiel für eine Schokoladenserie der Firma Eickmeyer, Herford, deren Einschäge auf KPs Entwürfen basieren. Meist umfassen die Serien jedoch noch weitere Geschmacksrichtungen.

oder tatsächlich ausgefallene Rezepturen und Herstellungsverfahren (wie etwa 'Praliné', 'Crement' u.a.m.), mit denen Hersteller eine Marktlücke suchen oder tatsächlich ein Alleinstellungsmerkmal erreicht haben.

Im Folgenden sind einige Beispiele aus KPs Entwurfspaxis für die klassischen Serien zusammmengestellt.

Milchschokolade

Obwohl für die Produktion von Milchschokolade natürlich Milch aus allen Regionen bis hin zu Importen von Milchpulver aus beliebigen Herstellungsländern verwendet wird, dominieren auf den Verpackungen nostalgische Motive aus der historischen Milchwirtschaft in den Alpen: Sennerin, hölzerne Milchbütt, weidende Kühe vor dem Bergpanorama u.ä.

Nussschokolade

Die Geschmacksrichtung Nuss wird überwiegend als Milchschokolade mit ganzen Haselnüssen angeboten. Es kommen aber auch Varianten mit bitterer Schokolade und Mandeln oder gehackten Nüssen vor.

Bitterschokolade

Bittere Schokolade mit einem höherem Kakaoanteil wird meist mit der Kakaofrucht als Motiv, dunklen Schokoladenstücken und Rottönen signalisiert.

Mokkaschokolade

In den 1950er und 60er Jahren wurden Einschläge für Mokkaschokolade häufig noch mit dem Motiv 'Türke' oder sonstigen orientalisch anmutenden Darstellungen (Basar, Serail o.ä) versehen. Modernere Einschläge benutzen neutralere Motive wie Kaffeekirschen oder Kaffeebohnen.
Bei dem Entwurf rechts oben handelt es sich um einen Fond als Reinzeichnung. Firmenlogo und Schriften wurden separat gezeichnet.

Gefüllte Schokoladen

Gefüllte Schokoladen gibt es in vielen Varianten. Bei dem Beispiel rechts unten handelt es sich um eine Pause (s. Abschitt 'Pausen')

Weihnachtsschokolade

Ein wesentlicher Teil der Schokoladenverkäufe entfällt auf die Weihnachtszeit. Zu diesem Zweck werden gesonderte Einschläge in vergleichsweise hohen Auflagen gedruckt, teilweise allerdings auch nur als Banderole, um Standardware auf weihnachtlich umzuetikettieren..

Osterschokolade

Ähnliches gilt für Osterschokolade. Bei einer Reihe von KPs Entwürfen (insb. der Entwurf r.o.) hat offensichtlich Fritz Koch-Gothas 'Häschenschule' (1924) Pate gestanden, der im übrigen ebenfalls an der Leipziger Hochschule für Grafik und Buchkunst studiert hat, wie Karl Pausch später.

Pralinen

Pralinen gelten ja zu Recht als hochwertiges, aufwändig herzustellendes Süß-warenprodukt. Pralinen werden zu einem erheblichen Anteil als repräsentatives Präsent gekauft, zumindest aber als nicht alltägliches Genussmittel für besondere Anlässe verstanden. Dies galt in den 60er und 70er Jahren, in denen KPs Entwürfe entstanden, mehr noch als heute, wo es hochautomatisierten Fertigungstechniken zu verdanken ist, dass auch preiswertere Pralinen-Sorten in den Regalen der Supermärkte zu finden sind.

Demensprechend sollte die Verpackung – in der Regel eine aufwändig produzierte Schachtel – eine 'wertige Anmutung' ausstrahlen. Zum anderen ist

Entwurf für eine Pralinen-Schachtel 'Cailler'

es aber auch notwendig, dass die empfindliche Ware durch die Verpackung in geeigneter Weise vor Schäden geschützt wird.

Für die klassische Pralinenschachtel jener Zeit wurde hochwertiger Karton verwendet, der durch eine komplizierte Faltung in eine stabile Form gebracht wurde. (Die heute üblichen Blister aus Kunststoff kamen erst später auf.) Hieraus resultierte eine komplexe Abwicklung der Kartonfläche für den Druck – und natürlich auch für den Packungsentwurf:

Schriften und bildliche Darstellung sollen den wertigen Charakter des Produkts signalisieren. Der naturgemäß zweidimensionale Entwurf muss zudem das spätere Aussehen der fertigen Schachtel vorwegnehmen.

Neben der klassischen, hochwertigen Schachtel mit überstehendem Rand gab es auch damals schon einfachere Packungen. Von den eher volkstümlichen Motiven der Tafelschokolade unterscheidet sich das Design der Pralinenschachteln dennoch nach Schrift, Bezeichnung ('Gourmet u.ä.) Ornamentik und bildhafter Darstellung. Gewählt werden vielfach Motive, die eine 'gehobene' Lebensführung symbolisieren: Cocktail-Party, Klassische Musik, edle Alkoholika u.ä. Oft werden auch romantisierend historische Szenen

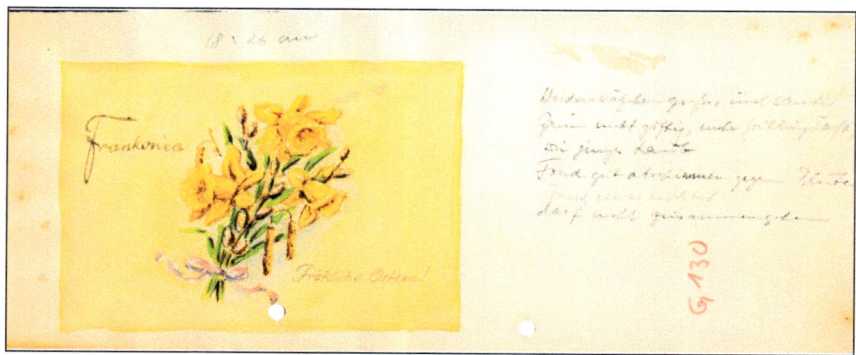

Entwurfsskizze für eine Pralinen-Packung der Marke Frankonia mit Besprechungsnotizen für die detailliertere Ausführung des Entfurfs

verwendet, die die Assoziation an das privilegierte Leben des Adels in früheren Zeiten wecken sollen.

In dem strengen Sinne wie damals gilt diese Klassifizierung heute nicht mehr: Das Billig-Sortiment wird heute eher von den vielfältigen Snack-Süßigkeiten mit geringem Schokoladen-Anteil gebildet. Bei Pralinen gibt es auch einfach verpackte Standard-Ware wie etwa 'Mon Chéri'. Selbst bei dieser Standard-Ware liegt der Kilopreis der Pralinen noch bei etwa dem Doppelten wie der für Tafelschokolade, bei anderen Pralinen-Produkten oft weit darüber, wobei in diesem Falle neben der Pralinen-Qualität auch die äußere Aufmachung durch eine aufwändige Schachtel (Geschenk!) eine gewichtige Rolle spielt.

Auf den folgenden Seiten sind einige Marken-Signets für Schokolade und Pralinen wiedergegeben, für die KP Entwürfe angefertigt hat. Alle Signets sind in der Form übernommen, wie sie auf den Arbeiten in KPs Nachlass zu finden waren – teilweise also auf flüchtigen Entwurfsskizzen, Pausen oder Druckmustern.

Die meisten der hier wiedergegebenen Marken repräsentierten in der Zeit als KP diese Entwürfe anfertigte, noch selbständige, oft mittelständische Hersteller. Nach dem massiven Konzentrationsprozess in den späten 1970er und 80er Jahren, werden sie mit wenigen Ausnahmen nur noch als Marken weniger Großkonzerne geführt.

Einige der Marken waren in KPs Nachlass lediglich auf Pausen präsent, die nur schwer zu reproduzieren sind. Aus Gründen der Authentizität wurde jedoch darauf verzichtet, die Marken aus öffentlich verfügbaren Quellen zu übernehmen.

Vorentwurf für eine Pralinenschachtel

Die vornehme Reiterin mit Windspiel, wie auch die Art der Darstellung assoziert eine hochstehende Gesellschaftsklasse. Die Anmutung von Luxus und Vornehmheit legt es nahe, dass man eine solche Pralinenschachtel wohl typischerweise einer Dame als besondere Aufmerksamkeit schenkt.

Im Gegensatz zu dem oben wiedergegebenen Entwurf handelt es sich bei der Storck-Schachtel eher um eine normale Likör-Praline als Leckerei für den Alltag.

Karl Pausch | Schriftsetzer Maler Grafiker

Lebens- und Genussmittel

Vor allem in den 60er Jahren traten als Auftraggeber neben die Süßwaren-industrie auch Hersteller aus anderen Bereichen der Lebens- und Genuss-mittel-Branche. Auch wenn die Kontakte zu dieser Art Auftraggeber durch Vermittlung von Druckereien zustande kam, erfolgte die Zusammenarbeit oft direkt mit diesen – damals meist mittelständischen – Produzenten und hatte einen oft recht persönlichen Charakter. Ein Beispiel für diese Art der Zusam-menarbeit war die Firma Brandenburg in Timmendorfer Strand, heute ein Unternehmen der Rewe-Gruppe:

"Im Jahr 1885 gründete Wilhelm Brandenburg ein Unternehmen für Wurst- und Schinkenspezialitäten in Rügenwalde an der pommerschen Ostsee. Nach dem Zweiten Weltkrieg wurden die in Rügenwalde ansässigen Fleischwarenfabrikanten, darunter Wilhelm Brandenburg, vertrieben. Das Unternehmen Wilhelm Branden-burg wurde daraufhin im Jahr 1949 in Timmendorfer Strand neu aufgebaut. Seit 1986 ist die Wilhelm Brandenburg ein Unternehmen der Rewe Group. Das Unter-nehmen ist der größte Eigenmarkenlieferant von Rewe und Penny." [WP: *Wilhelm Brandenburg (Unternehmen)*, 06.02.2023]

Einer der beiden Brüder, die damals Eigentümer oder Geschäftsführer der Firma waren, besuchte KP regelmäßig zur Absprache von Aufträgen. Der Autor erinneret sich, dass bei solchen Besuchen vor Weihnachten immer ein Paket mit Gänsespezialitäten als Mitbringsel dabei war.

Aber auch die Firma Bünting in Leer, Ostfriesland (Teehandel, Tabak, Kaffee) zählte für KP zu den regelmäßigen Kunden dieser Art.

"1816 gründete Johann Bünting zusammen mit seinem 24-jährigen Schwager Weert Klopp (1791–1833, Vater des Historikers Onno Klopp),[4] der aus einer alteingesessenen Leeraner Familie stammte, die J. Bünting & Co. Bünting behielt ein Sechstel der Anteile. Schwerpunkte des Geschäftes waren Teeimport, Tabakproduktion und Kaffeeröstung. Nach dem Tod Johann Büntings 1853, dem Tod seiner Frau Eta 1868 und dem Ausscheiden des letzten Bünting-Sohnes Hermann

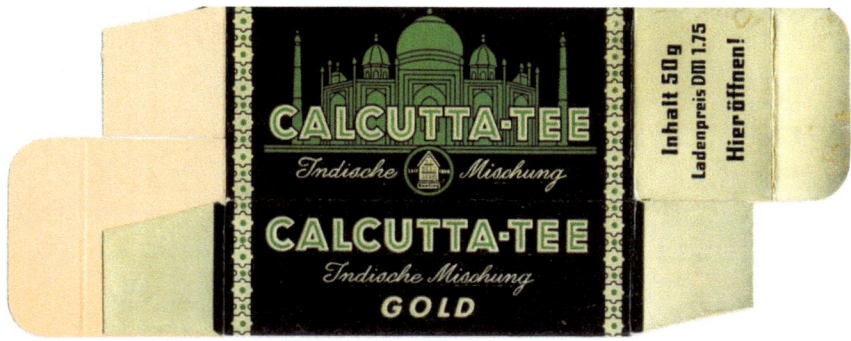

aus der Firma im Jahr 1872, leiteten die Mitglieder der Familienstämme Klopp das Unternehmen allein weiter bis zur Bildung der Aktiengesellschaft im Jahr 1989.[5] Die Bünting-Aktien sind ausschließlich in Familienbesitz, damit befindet sich das Unternehmen heute in fünfter Generation im Besitz der Familie." [WP: *Bünting-Gruppe*. 06.02.2023]

Es gab noch eine Reihe ähnlicher KMU der Lebensmittel-Branche als Auftraggeber, die im Norddeutschen Raum ansässig waren. So etwa die Firma Kaviar Christensen in Hamburg, die Firma Homann Feinkost in Dissen am Teutoburger Wald, damals vornehmlich als Margarine-Hersteller ("Homa")

bekannt, die Firma Hochwald im Hunsrück, damals mit der Marke Glücksklee (Dosenmilch) und andere.

Wie bereits angemerkt spiegelt die Entwicklung dieser Unternehmen die Industriegeschichte der letzten 50 Jahre wider: Die meisten der in der Nachkriegszeit gegründeten (oder wiedergegründeten) Unternehmen – überwiegend eigentümergeführt oder noch im Besitz der Gründerfamilien – gingen in Großkonzernen auf oder entwickelten sich durch Zukäufe und Fusionen selbst zu solchen. Die ehemals selbstständigen Firmen leben bestenfalls nur noch als Marken fort.

Spirituosen

Bis gegen Ende des 20. Jahrhunderts gab es im ostwestfälischen Raum bis hin nach Niedersachsen eine große Zahl von Hausbrennereien, die die lokal üblichen Schnäpse herstellten. War im rheinischen und Süddeutschen überwiegende Wein (Trester, Weinbrand) und Obst die Grundlage, so wurde im westfälischen Raum traditionell auf der Basis von Getreide gebrannt (Korn, Wacholder). Am bekanntesten wurden die Produkte aus der namensgebenden Stadt Steinhagen am Teutoburger Wald. Der 'Steinhäger' wurde vor allem durch die 'Kruke' aus braunem Steinzeug bekannt, in der er vertrieben wurde. Ähnlich wie bei der Schokolade fand auch in dieser Branche ein Konzentrationsprozess statt, so dass etwa in Steinhagen nur noch zwei große Brennerei-Unternehmen übrig geblieben sind.

Auch viele selbständige Hausbrennereien im übrigen norddeutschen Raum, für die KP in den 1950er bis 70er Jahren Etiketten, Aufsteller und andere Werbemittel entwarf, nahmen diesen Weg, gingen in größeren Unternehmen auf oder verschwanden vom Markt.

Schabzeichnungen

In Pauschs Nachlass fanden sich eine Reihe von Arbeiten, die er als 'Schab-zeichnungen' bezeichnete. In der modernen Kunst ist diese Bezeichnung für eine künstlerische Technik gebräuchlich, bei der Papierbahnen gewachst und geschwärzt werden, um durch schaben oder kratzen mit verschiedenen Instrumenten Bildspuren zu erzeugen. Vertreter dieser Technik sind etwa Werner Klemke (1917-1994) oder Andreas Rosenthal (*1950).

KP verwendete eine andere Vorgehensweise, die er möglicherweise selbst erdacht hatte: Er belichtete ein mehr oder weniger großes Blatt Planfilm, so dass die lichtempfindliche Schicht nach dem Entwickeln vollkommen schwarz wurde. Aus dieser Schicht kratzte er mit Hilfe der 'Schaber' (Litho-grafennadeln, s.o.) aus seinem Werkzeugfundus über einer weißen Unterlage bildhafte Darstellungen heraus. Diese konnten dann im Fotolabor positiv/negativ umkopiert, vergrößert oder verkleinert und sogar in kleiner Auflage vervielfältigt werden.

KP nutzte diese Technik sowohl für freikünstlerische Arbeiten wie auch für das gebrauchsgrafische All-tagsgeschäft. Die nebenstehende Grafik 'Spökenkieker' diente als Motiv für das Etikett einer gleich-namigen Spirituosen-Marke. Sie gibt den nebelhaften Charakter der Figur und ihrer Beschreibun-gen gut wieder.

'Spökenkieker'

Spökenkieker ist eine niederdeutsche Bezeichnung für Menschen mit dem 'Zweiten Gesicht', denen die spiritisti-sche Gabe zugesprochen wird, Un-glücke voraussehen zu können. Im Zusammenhang mit einer Spirituo-senmarke kann man das wohl nur als leichte Ironie des Herstellers ver-stehen.

Auch für die Wurstwaren-Einschlä-ge der Firma Brandenburg (s. Ab-schnitt 'Lebens- und Genussmittel') hat KP diese Technik wiederholt eingesetzt, da sie sich für den Foliendruck besonders eignete. Ebenso gehört die Darstellung des Gänseschmalz-Behäl-ters (s.u.) in diesen Zusammenhang.

Bei den freikünstlerischen Werken in dieser Form der Schabtechnik handelt es sich vor allem um die Darstellung herausragender Bauten oder Stadt-Ensembles, oft aus der Herforder Altstadt. Es könnte sein, dass es sich bei einigen dieser Bilder um Vorlagen für Kalenderblätter handelte, da sich unter den Arbeiten auch der Entwurf für einen der typischen Jahreskalender 'Kiepenkerl' (s. folgenden Abschnitt) findet, wie sie etwa von lokalen Zeitungen oder historischen Vereinigungen herausgegeben werden.

Der Kiepenkerl ist im ostwestfälischen Raum, insbesondere auch in Herford, Symbolgestalt für die über Land ziehenden Leinenhändler. In Herford gibt es das Linnenbauer-Denkmal von 1909, das als Vorbild für den Entwurf des Kalender-Deckblattes gedient hat.

Die hier reproduzierten Grafiken gehören in diese Kategorie. Sie sind teilweise signiert und demzufolge als Original oder in kleiner Auflage vom Autor selbst vervielfältigtes Exemplar – ähnlich einer Serigrafie – gemeint.

Dem hier wiedergegeben Blatt liegt die gleiche Schabzeichnung zugrunde wie dem Spirituosen-Etikett auf der Folgeseite. Dabei ist ein fotografischer Abzug mit Eiweißlasurfarbe (?) ergänzend übermalt worden.

Für das Spirituosen-Etikett wurde ein verkleinerter Fotoabzug der Schabzeichnung 'Alter Getreidespeicher in der Lüneburger Heide' verwendet

Der Gänseschmalz-Topf ist in einem Mischverfahren erstellt: Der Behälter ist in KPs Schabtechnik ausgeführt; die Signets und Schriftzüge wurden vermutlich positiv oder negativ gezeichnet und auf fotografischem Wege einkopiert.

Mit Hilfe der gleichen Schab-Technik gestaltete KP eine Mappe unter dem Titel 'Herford um 1930'. Die Mappe enthält fünf Blätter mit Motiven aus der Altstadt von Herford. Die Stadtansicht auf dem nebenstehend wiedergegebenen Titelblatt ist offensichtlich vom Original verkleinert. Die Mappe ist in einer kleinen Auflage vervielfältigt worden. Ob sie für einen bestimmten Zweck erstellt wurde oder ob sie eine Form der Eigenwerbung darstellte, ist nicht mehr zu klären.

Herford um 1930

MALER + GRAPHIKER

Herford, Remmeraider u. Engelbing-Haus

Schriftkunst

Die Schriftzeichnung hat KP – naturgemäß ausgehend von seinem erlernten Beruf als Schriftsetzer – sein gesamtes Berufsleben begleitet. Die Gestaltung von Schrift, ja das Schreiben als handwerkliche Tätigkeit im wörtlichen Sinne, bildete einen Schwerpunkt in KPs beruflicher Arbeit wie auch im privaten Bereich. Oft schrieb er sogar Fließtext – etwa bei Reiseberichten oder auch bei seinem 'Taschenbuch' aus der Kriegsgefangenschaft – in einer vollständig gezeichneten Schrift.

So lag es nahe, diese besondere Qualifikation auch in seine Tätigkeit als Gebrauchsgrafiker einzubringen. In seinem Nachlass findet sich eine große Zahl von gebrauchsgrafischen Arbeiten mit individuell gezeichneten Schriftzügen, die nicht selten das dominierende grafische Element auf einer Pralinenschachtel oder einem Schokoladen-Einschlag darstellen.

In dieser Skizze für einen Schokoladeneinschlag der GEG tritt sogar das Firmenlogo gegenüber dem Schriftzug 'Edel-Vollmilch' zurück

Bei den meisten Verpackungen oder sonstigen Werbemitteln besteht natürlich der Wunsch des Auftragsgebers, das – ja meist eingeführte – Firmenlogo groß herauszustellen. So entfaltet sich die individuelle Gestaltung von Schrift vornehmlich bei den Produktbezeichnungen, die dann oft auch den Charakter von Markenzeichen gewinnen. In einigen Fällen bekam KP jedoch auch den besonderen Auftrag, ein Firmensignet neu zu entwickeln oder wirksamer zu gestalten. Solche Aufträge engagierten ihn natürlich besonders.

In dieser Zusammenstellung sind einige recht unterschiedliche Schriftgrafiken wiedergegeben: Die Schreibschriften mit speziell ausgeführten Einzelbuchstaben, die gebrochene Schrift mit individuell gezeichneten Initialen und die schmale, serifenbetonte Antiqua bei dem Kneisl-Entwurf.

Schriftarten-Entwürfe

Erst Anfang der 1970er Jahre, als der Broterwerb gesichert war, fand er wohl auch die Zeit, sich dem Entwurf von Schriftarten ohne konkreten Auftrag zu widmen. Es wird ihn vielleicht auch gereizt haben, sich in eine Reihe mit bekannten Schriftkünstlern wie Hermann Zapf oder Adrian Frutiger zu stellen.

So entwarf er zunächst einige Schriftarten, um sie einschlägigen Schriftgießereien anzubieten. Erfolgreich war er aber lediglich mit seiner Schrift KaP-Antiqua, die 1975 einen Wettbewerb gewann und anschließend von der US-Firma Visual Graphics Corporation (VGC) vermarktet wurde.

Dies fiel allerdings schon in eine Zeit, als sich die digitale Revolution ankündigte, die Entwurf und Verbreitung von Schriften grundlegend veränderte. Spätestens Anfang der 1980er Jahre wurden rechnergestützte Entwurfsverfahren auch für Schriften verfügbar, die den rein technischen Aufwand um ein Vielfaches reduzierten. Insbesondere erleichtert es das rechnergestützte Design enorm, aus der Grundschrift einer Schriftfamilie die weiteren Schriftschnitte zu generieren. Zugleich ist es leicht, eine vorhandene Schrift zu digitalisieren, als Vektorgrafik zu modifizieren und der Modifikation einen neuen Namen zu geben. Dies hat inzwischen zu einer Inflation von ähnlichen, kaum noch urheberrechtlich zu schützenden Schriften geführt. Ein geläufiges Beispiel sind die Fonts 'Helvetica' (geschützt für Linotype), 'Grotesque 215' (Mono-

Verschiedene Schriftschnitte von Karl Pauschs KaP-Antiqua. Hier in einem Anagramm, das die Qualität der Buchstaben-Kombinationen demonstrieren soll.

type) sowie die späteren 'Swiss' (Corel) und 'Arial', die zwar nicht direkt voneinander 'abgekupfert' sind, sich aber soweit ähneln, dass sie häufig in Schriftersetzungstabellen gegeneinander ausgetauscht werden.

KP dagegen musste noch jeden einzelnen Buchstaben der Grundschrift als Urmuster vergrößert zeichnen. Dies dann noch für mehrere verschiedene Schriftschnitte. Um den Aufwand vertretbar zu halten, wurde daher zunächst eine aussagefähige Buchstabenfolge oder maximal der vollständige Zeichensatz in der Grundschrift entworfen. Erst wenn diese Ausführung bei einer Schriftgießerei erfolgreich war, wurde die komplette Schriftfamilie entwickelt.

KP berichtete, dass man ihn von Seiten der VGC zum Entwurf weiterer Schriften bzw. Schnitte der vorhanden Schriftfamilie ermutigt habe, dass dies

Für die Schriftart Geogia sind hier vier Schriftschnitte zusammengestellt. Die einzeln gezeichneten Buchstaben sind fotografisch als Positiv auf Film übertragen, ausgeschnitten und als Zeile zusammengestellt.

aber für ihn mit einem derart hohen Arbeitsaufwand verbunden sei, dem die zu erwartenden Tantiemen nicht annähernd entsprächen.

Aus den noch vorhandenen Materialien wird der Arbeitsprozess erkennbar. Immerhin konnte KP die gezeichneten Buchstaben mit Hilfe seiner fotografischen Ausstattung (s. 'Vergrößerungskiste') vergrößern bzw. verkleinern und beliebig zusammensetzen, wie das hier wiedergegebene Blatt für die Schriftart 'Georgia' zeigt. Damit war es u.a. möglich, die Spationierung und Unterschneidung (in der Digitaltechnik 'Kerning') zu erproben und anzupassen – ein beim zeichnerischen Schriftentwurf recht schwieriger Aspekt.

Warum KP die Buchstaben-Kombination AEGMORS für seine Schriftentwürfe gewählt hat, ist im Nachhinein schwer zu rekonstruieren. Er erläuterte, dass die Qualität der Schriftart erkennbar werde, wenn man diese Buchstaben wie bei ei-

Die hier in einer Light-Version wiedergegebene Schriftart nannte er zu Ehren seiner Enkelin, Sonja Pausch, 'Sonja'.

nem Anagramm beliebig kombinieren könne, ohne dass optische 'Löcher' oder 'Batzen'(sic = dunkle Flecken) entstünden. Er empfahl, die Augen zusammenzukneifen, dann könne man sehen, ob eine Schrift in dieser Hinsicht gut gestaltet sei. In der Tat war ihm das Problem als Akzidenz-Setzer ja gut vertraut.

Gelegentlich verwendete er auch den Blindtext 'Hamburge(r)fon(t)s', der zur Beurteilung der Gestaltung und Anmutung einer Schrift bei Typografen gebräuchlich ist.

Einen gänzlich anderen Charakter als die Antiqua-Schriften Georgia und KaP-Antiqua hat eine Schreibschrift, die er zu Ehren seiner Enkelin 'Sonja' benannte. In vielen seiner gebrauchsgrafischen Entwürfe hatte er Schriften mit ähnlicher Charakteristik gezeichnet. Im Nachlass sind für die 'Sonja' mehrere Blätter mit unterschiedlichen Schriftschnitten erhalten. Interessant ist auch das umseitig in einem Ausschnitt wiedergegebene Blatt mit einer fetteren Variante, das den Arbeitsprozess dokumentiert: Auf ein Blatt mit Millimeterpapier ist eine durchsichtige Folie gelegt, auf die wiederum Folienstücke mit einzelnen gezeichneten Buchstaben oder Buchstaben-Kombinationen geklebt sind. Hiervon konnten dann nach Abnahme des Millimeterpapiers auf fotografischem Wege negativ/positiv Kopien erstellt werden.

Wie erwähnt fiel diese umständliche und aufwändige Arbeitsweise bereits in die Zeit, als Design und Anwendung von Schriften in Rechnersystemen sichtbar wurden und der Einsatz der Computer die gesamte Drucktechnologie revolutionierte.

revolutionierte. Andernfalls wären vielleicht auch weitere Schriftentwürfe KPs wie etwa 'Sonja' oder 'Georgia' erfolgreich gewesen.

So blieb die KaP-Antiqua die einzige, die in den Vertrieb kam. KP erhielt einige Jahre korrekt Margen von den Lizenzeinnahmen der VGC. Größere Summen kamen dabei aber nicht zusammen. Da die Schutzrechte für Schriftarten umstritten sind, international unterschiedliche Vorschriften gelten und in der Praxis Rechte kaum noch durchzusetzen sind, wird es eher der Fairness der Foundry (Schriftgießerei) geschuldet sein, wenn der Schriftkünstler angemessen honoriert wird.

Eine Internet-Recherche [16.05.2022] unter dem Suchbegriff KaP-Antiqua ergab einige Fundstellen, so etwa auf der Webseite <fontsinuse.com> (s. Screenshot aus den Google-Ergebnissen, 29.04.2023). Interessant ist auch, dass die KapAntiqua immer noch von einer Japanischen Firma namens Day-

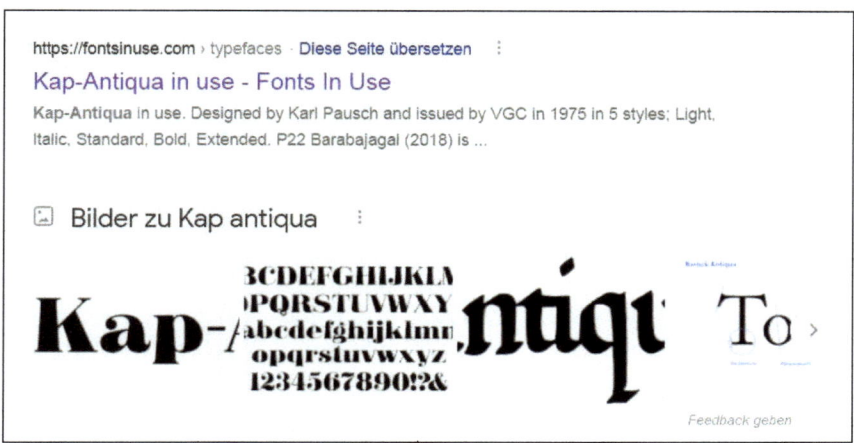

Screenshot aus der Google-Recherche unter dem Stichwort 'Kap-Antiqua'.

light Fonts zur Lizensierung angeboten wird, wie der nachstehend wiedergegebene Screenshot zeigt.

Eine vollständige Darstellung der KaP-Antiqua mit allen Schriftschnitten ist auch im Offenbacher *Klingspor-Museum* für internationale Buch- und

Screenshot der Website der Firma Daylight Fonts, Himeji, Hyogo, Japan. [https://e-daylight.jp/fonts/type/k/kap-antiqua.html, 10.02.2023]

Schriftkunst zusammen mit einer Kurzbiografie verfügbar, die als PDF herun-
tergeladen werden können:

http://www.klingspor-museum.de/KlingsporKuenstler/Schriftdesig-
ner/Pausch/KPausch.pdf

Anhang: Auftraggeber

Auftraggebende Druckereien

Wie im Haupttext erläutert, spielten Druckereien als kontinuierliche Auftraggeber und Basis des Geschäftsbetriebs eine wichtige Rolle für Karl Pauschs Atelier. Eine langfristige Zusammenarbeit bestand vor allem mit den Großdruckereien *Graphia – Hans Gundlach,* Bielefeld, und *Illert & Ewald* in Steinheim am Main. Später kamen als regelmäßige Auftraggeber im lokalen Umfeld die Firma *ORO-Druck*, Häger bei Bielefeld, und die *Grafische Kunstanstalt – August Kaufmann* in Herford dazu, beides aber wesentlich kleinere Betriebe als die Erstgenannten.

Eine Sonderrolle spielte der Repräsentant Karl Krebs, der als Berater und Mittler zwischen Großdruckerei und Grafiker tätig war, als Branchen-Insider aber gelegentlich auch Aufträge direkt von Herstellern an KP vermittelte.

Unternehmen	Erläuterung
Graphia – Hans Gundlach Bielefeld	*Graphia – Hans Gundlach GmbH. Großdruckerei.* *Beginn der direkten Zusammenarbeit 10/1954*
Illert +Ewald GmbH, **Steinheim a. Main**	*Großdruckerei.* *Langfristiger und regelmäßiger Auftraggeber abOkt. 1955*
Jöntzen Bremen-Lesum	*Großdruckerei*
Kaufmann, August Herford	*'Grafische Kunstanstalt'. Druckerei.*
Krebs, Karl Hannover	*Selbstständiger Repräsentant,* *u.a. für Illert + Ewald*
Nicolaus, Kempten	*Großdruckerei*
Nölle – Werbung – Druck Bielefeld	*Graphik, Buchdruck, Offsetdruck*
Nordwest – Druck Hamburg-Poppenbüttel	*Offsetdruckerei – Ppierverarbeitung*
Noth,Heinrich Exten bei Rinteln	*Grußkarten, Fa. Heinrich Noth, | ab 1964*
ORO-Druck Bielefeld-Schildesche	*Offsetdruck – Papierverarbeitung* *ab Sept. 1959 in Häger bei Bi*
Schlutius, Emil Wiesloch bei Heidelberg	*Papierverarbeitungswerk – Großdruckerei*
Schmidt, Carl Ph. Kaiserslautern	*Großdruckerei.*
Serong Höxter	*Großdruckerei*
Wahnfried-Druck, Wahn-fried/Werra	*Großdruckerei*

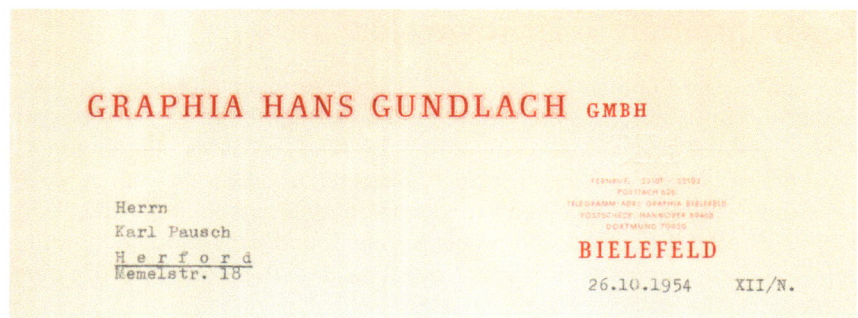

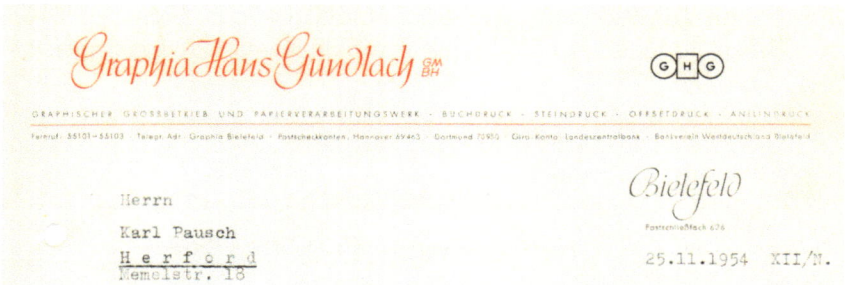

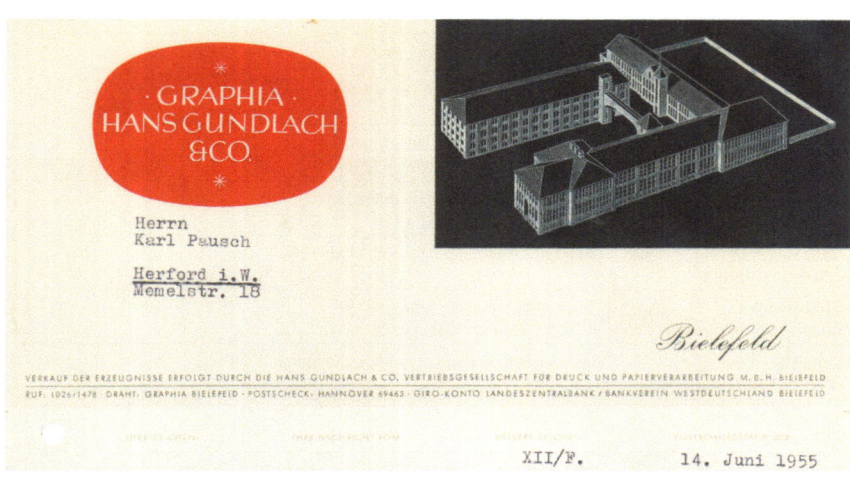

Die Großdruckerei Graphia Hans Gundlach, Bilefeld wechselte in kurzer Zeit mehrfach den Briefkopf

KARL KREBS

früher Inhaber der Großdruckerei Carl Warnecke Halle/Saale

TECHNISCHER BERATER GRAPH. GROSSBETRIEBE
VERKAUFS-AGENTUR

Herrn
Karl Pausch

H e r f o r d
Memelstr. 18

HANNOVER, den 5. Oktober 1957 197..
Sedanstraße 41

HEINRICH NICOLAUS G.M.B.H
KEMPTEN · ALLGÄU
DRUCK und PAPIERVERARBEITUNG

Einschreiben

Herrn

Karl P a u s c h

H e r f o r d
Memelstr. 18

Nölle-Werbung-Druck

Herrn
Karl Pausch

(21a) H e r f o r d
Memelstr. 18

GRAPHIK
BUCHDRUCK · OFFSETDRUCK
EIGENE REPRODUKTIONSANSTALT
VERSAND

5x Bielefeld

R 627   23.3.1956

NORDWEST-DRUCK

OFFSETDRUCKEREI · MÜHLMANN & CO · PAPIERVERARBEITUNG

Herrn
Karl P a u s c h
Maler + Graphiker

H e r f o r d
Haselweg 14

L/Lg.   28. März 1962.

PAPIERVERARBEITUNGSWERK ✧ GROSSDRUCKEREI

WIESLOCH BEI HEIDELBERG

Herrn
Karl P a u s c h
Maler u. Grafiker

Herford / Westf.
Haselweg 14

CARL PH. SCHMIDT

GRAPHISCHE KUNSTANSTALT · PAPIERVERARBEITUNG · KARTONAGEN

CARL PH SCHMIDT (22b) KAISERSLAUTERN POSTSCHLIESSFACH 455

Herrn

Karl Pausch
Maler + Graphiker

Herford
Memelstrasse 18

IHRE ZEICHEN	IHRE NACHRICHT	UNSERE ZEICHEN	TAG
		O/Schm	3.Dez. 1957

SERONG

Herrn
Karl Pausch
(21a) Herford
Memelstr. 18

Großdruckerei

IHR ZEICHEN	IHRE NACHRICHT VOM	MEIN ZEICHEN	HÖXTER/WESER, DEN
	9.4.56	Me/X	1o.4.56

GROSSBETRIEB FÜR OFFSETDRUCK · PAPIERVERARBEITUNG

WANFRIED-DRUCK
ARTHUR UND WILHELM KALDEN
G.M.B.H.

Herrn

Karl Pausch

Herford/Westf.

Hersteller/Marken

Für alle der nachstehend aufgelisteten Hersteller bzw. Marken hat KP Entwürfe angefertigt – für einige wiederholt oder regelmäßig, für andere selten oder nur einmalig.

Als Quelle für die Zusammenstellung wurden ausschließlich die vorhandenen Entwürfe und Pausen sowie der erhaltene Schriftverkehr benutzt. Bedauerlicherweise liegen häufig keine vollständigen Firmenbezeichungen vor, da beim Schriftverkehr über die Großdruckereien fast immer nur Kurznamen ohne Nennung der Gesellschaftsform und des jeweiligen Geschäftsfeldes verwendet wurden. Einige Unternehmen wechselten in der zur Rede stehenden Zeit den Firmennamen, die Gesellschaftsform oder die Eigentümer. In die nachstehende Liste sind die Bezeichnungen daher in der Form aufgenommen, wie sie in den Materialien aus dem Nachlass erscheinen, wie sie also in der Zeit Gültigkeit hatten, in der KP für sie Entwürfe fertigte. Viele der seinerzeit selbständigen Firmen sind inzwischen erloschen, von Großunternehmen aufgekauft oder existieren lediglich als Marke weiter.

Soweit dies mit vertretbarem Aufwand machbar war, ist die Entwicklung des Unternehmens bzw. der Marke vorläufig recherchiert und kurz charakterisiert worden. Ggf. kann dies als Einstieg in eine genauere Recherche dienen.

Kurzbezeichnung |Standort	Firmenbezeichnung | Art der Produkte bzw. Entwürfe	Filter
Ahlers Textilwerk, Herford	*Westf. Textilwerk Adolf Ahlers, Herford* *Etiketten*	V
Altewischer Brennerei **Avenwedde b.Gütersloh**	*Kornbranntwein-Brennerei* *Spirituosen-Etiketten*	N
Annette zu Köln **Köln**	*Annette GmbH, Köln. (vermutl. zu Imhoff/Stollwerk)* *Schokoladen-Serie mit ähnlichen Motiven*	S
Anni Schröder **Bad Salzuflen**	*Anni Schröder KG,* *Textilfabrik.*	V
Antje	*(Details nicht mehr recherchierbar)* *ehem. Schokoladenmarke*	S
Bayernwald **Hengersberg**	*Bayernwald KG (seit 2024 Iprona KG)* *Fruchtverarbeitung, Fruchtschokolade*	S
Bettina, **Exter**	*Bettina GmbH, Exter* *Kleine Schokoladenfabrik im Umkreis von Herford*	S

Bonca (Edeka)	*Handelsmarke der Edeka EGmbH, Hamburg* *Schokolade.*	S
Brandenburg, Timmendorfer Strand	*Wilhelm Brandenburg GmbH. Heute Untern. der REWE-Gruppe.* *Folienetiketten für Fleisch- und Wurstwaren.*	N
Brandt Schokoladen Landshut	*zu Brandt Backwaren Vertriebs GmbH, Hagen (Zwieback)* *Entwürfe fürTafelschokolade, Osterschokoladen*	S
Bünting&Co Leer /Ostfr.	*2024: J. Bünting Beteiligungs AG* *Tee,Tabak*	N
Cadbury Birmingham	*2024: Marke der Mondelez International Corporation* *Schokolade*	S
Cailler Broc (CH)	*2024:Marke der Nestlé AG.* *Pralinen*	S, P
Casali Wien	*J. Casalis Neffe, Wien* *Likör- und Schokoladenfabrik*	S
Chateau GmbH Halle Westf.	*2024: zu August Storck KG, Schokoladen-Marke für Aldi* *Schokoladen und Bonbons.*	P
Clivia	*(nicht mehr recherchierbar)* *Süßwaren, Drops*	N
Cloetta Sundyberg /Schweden	*Cloetta AB* *Süßwaren*	S
Crüwell Bielefeld	*Gebr. Crüwell, Rauchtabakfabrik in Bielefeld bis 1983* *Verpackungen, Aufsteller*	N
Dall	*(nicht mehr recherchierbar) Dallmeyer ?* *Schokolade*	S
Dedert Schötmar (Bad Salzuflen)	*August Dedert,Schokoladenfabrik.* *Tafelschokolade*	S
Deig Heilbronn	*Fritz Deig, Schokoladen- und Zuckerwarenfabrik KG, 1948-1964* *Marken Noris, Helbruna (?)*	S
Diana Chocolates, Damaskus/Syrien	*Diana Chokolate Factory Syria* *Tafelschokolade und andere Schokoladenprodukte*	S
Dr. Best	*Marke für Zahnpflegeprodukte. 2024: zu GlaxoSmithKline, London* *Entwürfe für Markenimage (unverwendet)*	V
Eickmeyer & Gehring, Herford	*Heinrich Eickmeyer KG, Herford* *Tafelschokolade.*	S
Elite (Kaufhof) Köln	*Handelsmarke der ehemaligen Kaufhof AG, unter der auch Scho-* *kolade verkauft wurde*	S
Eszet, Untertürkheim	*Staengel & Ziller KG, Schokoladenfabrik bis 1974. Später Marke* *der Stollwerck GmbH*	S
Falkenpflug Karlsruhe	*Falkenpflug KG zusammen mit der Otto Rüger KG* *Marken: Falkenpflug, Hansi, Rüger*	S
Fattouhi, Bagdad	*(nicht mehr recherchierbar)* *Schokolade*	S
Fehleisen & Rickel, Ham- burg	*Schokoladenfabrik* *produziert für Tschibo – Max Herz (??)*	S

Frankonia Würzburg	Frankonia Schokoladenwerke AG Entwürfe für Pralinenschachteln	P
Freesia, Herford	Schokoladenfabrik Julius Freese. 'Katzenzungen"	S
Gandour Beirut	Süßwarenhersteller gegr. 1857	S
Hamker, Heinrich, Lintorf bei Osnabrück	Margarinefabrik – Dampfmolkerei. Erstanfrage 14.3.1960	N
Hansi (Otto Rüger) Karlsruhe	Marke der Otto Rüger KG	S
Hardy, Darmstadt	Schokoladenfabrik bis Ende der 1960er Jahre Einschläge für Pfefferminzschokolade	S
Haribo/Riegel, Bonn	Haribo (in den 1950er+60er Jahren Familienbetrieb), bei KP er- scheinen Produkte, die unter der Marke 'Riegel' beworben wurden	S
Harms, Wilhelmshafen	(Landwirtschaftl. Käseproduktion) Käse-Etiketten	N
Helbruna Heilbronn	Fritz Deig Schokoladen-Fabrik KG. Tafelschokolade	S
Hellenbroich, Hermülheim bei Köln	Rudolf Hellenbroich Schokoladenfabrik. Tafelschokolade.	S
Herforder Kreisblatt Herford	WESTFALEN-BLATT Vereinigte Zeitungsverlage GmbH & Co. KG Plakat (Gelegenheitsarbeit)	V
Herschi Regensburg	Hermann Schirmak, Regensburg, Schokolade, auch unter der Marke Bayernwald.	S
Herza Norderstedt	Herza Schokolade GmbH & Co. KG Schokoladenprodukte,'Schokoladenstücke"	S
Heyen, Hajo Hervest-Dorsten	Hajo Heyen KG Schokoladenfabrik	S
Hochwald Herford	Franz Scholz KG, Herford (Marke Hochwald) Tafelschokolade.	S
Holsatia	[Schokoladenmarke] Cola-Schokolade	S
Homann Dissen	Homann A.G. Dissen, Teutoburger Wald Margarinewerke	N
Hussel Hagen	Hussel Süßwaren-Fachgeschäfte GmbH (ab 1962 AG)	H
Iffland	[möglicherweise zu Iffland Reformhaus, Melsungen] Schokolade	S
Imhoff Bulley(Mosel)/Köln	Hans Imhoff kaufte 1972 die Stollwerck AG. Vorher wurde Schoko- lade unter dem Namen Imhoff angeboten.	S
KUKI Wuppertal	Zuckerwarenfabrik, Wuppertal [Nicht mehr recherchierbar]	S
Kaiser's Kaffee Mühlheim Ruhr	Kaiser's Tengelmann GmbH Rumbohnen	H

Karina, Julius Nolting Herford	*Karina, Julius Noltimg Schokoladenfabrik* *Tafelschokolade*	S
Karlsbader Oblaten Dillingen	*Wetzel Karlsbader Oblaten- und Waffelfabrik GmbH*	N
Kaviar-Christensen, Hamburg	*Caviar-Christensen GmbH, Harrislee* *Prospekte, Verpackungen, Aufsteller*	N
Kneisl, Gartenberg Obb.	*Ph. Kneisl, Wolfrathshausen-Gartenberg/ OBB.* *Schokolade.*	S
Krüger Krefeld	*Alois Krüger Süßwarenwerk, Krefeld* *'Vienna Wafer' (Waffeln)*	S
Käthchen von Heilbronn	*Marke der Firma Stollwerck/Imhoff ??* *Tafelschokolade*	S
Levante	*Handelsmarke für Schokolade [nicht mehr recherchierbar]*	S
Linse	*Handelsmarke für Kakaao-Produkte [nicht mehr recherchierbar]*	S
Lisner	*Polnischer Fischverarbeiter. 2024: zu Unternehmensgruppe Theo Müller (UTM)	Fischkonserven*	N
Livana, Lindau	*Livana – Cacao-Gesellschaft Lindau m.b.H.* *Tafelschokoladen*	S
Lohmann GmbH Emmerich	*Kakao – Schokolade – Pralinen. Zusammenarbeit ab 1956. Hugo Lohmann.*	P
Lotos-Kaffee Leer	*Großrösterei Louis Thörner GmbH & Co. KG [bis 1996]* *Vrpackungen und andere Werbemittel*	N
Lübecker Marzipan-Schokolade (Vorbeck)	*Marke der Paul Erasmi & Co. GmbH (Erasco)* *Tafelschokolade*	S
Meissners, Schloss Bleckede a.d. Elbe	*Verlag*	V
Milka Chocolate Nikosia/ Zypern	*Chocolate & Cocoa Industries LTD, Nikosia* *Tafelschokolade*	S
Milupa	*Milupa GmbH, Frankfurt . 2024: zu Danone* *Kindernahrungsmittel*	N
Napoli, Wien	*[nicht mehr recherchierbar]* *Wiener Waffeln*	S
Neugebaur & Lohmann, Emmerich	*Neugebaur & Lohmann GmbH* *Schokoladeneinschläge und Pralinenschachteln*	S
Nobis Aachen	*Nobis Printen e.K.* *Weinbrand-Schokolade*	S
Nordwestdeutsche Philharmonie, Herford		V
Nordwestdeutsche Philharmonie, Herford	*Nordwestdeutsche Philharmonie e.V.* *Plakatentwurf*	V
Noth,Heinrich Exten bei Rinteln	*Fa. Heinrich Noth,	ab 1964* *Grußkarten*	G

Oskar Busch Mannheim	*Oskar Busch GmbH. [nicht mehr recherchierbar]* *Schokoladenfabrik*	S
PEA Petzold und Aulhorn Hamburg	*PEA Petzold und Aulhorn GmbH* *Lebkuchen*	N
Peitsch, Mülheim/Ruhr	*Kakao- und Schokoladenfabrik.* *Tafelschokolade*	S
Piasten Forchheim	*Piasten GmbH. 2024: zu Cadburya Schweppes Group* *Süßwarenhersteller*	S
Piepenkost, Türkenkost Bünde	*Otto Beckmann Co, Tabakfabrik, Bünde Westf.* *Tabak-Verpackungen*	N
President Beirut	*Schokodadenhersteller im Libanon (über Illert+ Ewald)* *Marken 'Crown', 'Avelette'*	S
Primana	*[nicht mehr recherchierbar]*	
Rademakers den Haag	*Süßwarenhersteller ('Hopjes')*	V
Ratskeller Herford	*Restaurant,* *Entwurf für Speisekarte*	V
Reella	*[Handelsmarke]* *Entwürfe für Serie Tafelschokolade*	S
Riquet	*Bis in DDR-Zeit Handelsunternehmen und Hersteller in Leipzig* *seit 1945 Marke der Firma Waldbaur für Hofer*	S
Ritter Waldenbuch	*Alfred Ritter GmbH & Co. KG* *Schokolader ('Ritter Sport')*	S
Rolle	*[nicht mehr recherchierbar]* *Schokolade*	S
Russel Emden	*Alfred Russel OHG, Emden* *'Ültjes' Erdnüsse*	N
Röhler Wiesloch bei Heidelberg	*Dr. E. Röhler, Nahrungsmittelwerk* *Tafelschokolade*	S
Sammani, Aleppo	*[nicht mehr recherchierbar]* *Schokolade*	S
Sarotti Hattersheim	*Sarotti AG, (1998 zur Stollwerck GmbH* *Entwürfe für Tafelschokolade, Pralinen*	S,P
Schreiber&Brandt Walsrode	*Spirituosen-Hersteller* *Entwürfe für die Marke 'Pflaumen August'*	N
Schubert, Franz Schubert Hannover	*Franz Schubert GmbH & Co. [1980 erloschen]* *Entwürfe für Pralinenschachteln*	S,P
Schünemann	*[nicht mehr recherchierbar]* *Schokolade, Entwürfe für Serie 'Ess-Kuvertüre'*	S
Sprengel Hannover	*B. Sprengel & Co [ab 1979 zu Imhoff/Stollwerck]* *Tafelschokolade.*	S, P
Storck **Halle Westf.**	*August Storck KG, auch Marke 'Chateau'* *regelmäßig Entwürfe für Schokolade, Süßwaren.*	S,P,V

Storz, Tuttlingen	Chr. Storz GmbH & Co. KG. Schokolade/Süßwaren, Marke Crapies	S
Suchard Neuenburg	Suchard SA, später zu Mondelez (Kraft), div. Konzernstrukturen Schokolade, Pralinen, Kakao	P
Tirma, Las Palmas, Gran Canaria	Tirma SA Tafelschokolade, Süßwaren, Marken: 'Derby', 'Coconut'	S
Titania bei Regensburg	[nicht mehr recherchierbar] Schokoladenfabrik	S
Tchibo Hamburg	Tchibo GmbH versch. Entwürfe für Schokoladenprodukte	S
Ültjes Emden/Schwerte	Ültje GmbH, Marke der A. Russel OHG Erdnüsse	N
Unisa	[nicht mehr recherchierbar] Schokoladenmarke Entwürfe für Tafelschokolade	S
Van Delden Leer/Ostfriesl.	Friesische Kakao- und Schokoladenfabrik, J.G. van Delden GmbH Pralinen	P
Vehmeyer & Nolting Herford	Gebr. Vehmeyer & Nolting, auch unter der Firma Julius Nolting Entwürfe für Tafelschokolade unter der Marke 'Karina'.	S
Venetia Berlin/Hamburg	Venetia Schokoladen- und Zuckerwarenfabrik Entwürfe für Tafelschokolade	S
Vorbeck (Marzipan) Lübeck	Marke der Paul Erasmi & Co. GmbH (Erasco) Tafelschokolade	
Waldbaur Stuttgart	Waldbaur Schokoladenfabrik, Marke 1976 an Stollwerk Tafelschokolade, 'Katzenzungen',	S,P
Weinberg Herford	Marke der Fa. Schokoladenwerke F. W. Bosselmann GmbH, Entwürfe für Tafelschokolade	S
Weinrich Herford	Weinrich &Co, GmbH, Keks- und Schokoladenfabrik	S
Wilbader Aalen	Wilhelm Bader (Wilbader) e. K. Pralinen, Zuckerwaren	P
Windmann Herford	Windmann GmbH & Co. KG, Isolierglasfabrikation. Kataloge, Prospekte	V
Wissoll Mülheim/Ruhr	Schokoladenfabrik Wissoll (Wilhelm Schmitz-Scholl), Teil der späteren Tengelmann-Gruppe. Erstkontakt: 1.10.1957	P
Zuntz Bonn/Berlin	Kaffeerösterei und Handelsunternehmen, Bonn, später Berlin. Von den 1960er Jahren an von der Firma Dallmeyr übernommen	N
Ültje Schwerte	Ültje GmbH, Unternehmen der A. Russel OHG Lebensmittelhersteller (v.a. Nüsse)	N

Schüssel:

S ~ Schokoladeprodukte, insb. Tafelschokolade

P ~ Pralinen

N ~ Nahrungs- u. Genussmittel, o. Schokolade u. Pral.

V ~ Verschiedenes (Kataloge, Prospekte u.ä.)

Briefköpfe (Auswahl)

Die nachstehend wiedergegebenen Briefköpfe sind dem erhaltenen Schriftverkehr entnommen. D.h. es handelt sich um Hersteller, mit denen Karl Pausch in direkter Geschäftsbeziehung ohne die Vermittlung durch eine Druckerei stand. Auch dies ist lediglich eine kleine Auswahl. Dennoch zeigt der Vergleich mit der vorstehenden – wesentlich umfangreicheren – Liste, dass den (Groß-)Druckereien mit ihren Werbeabteilungen eine zentrale Rolle bei der Ausgestaltung von Verpackungen und anderen Werbemitteln zukam.

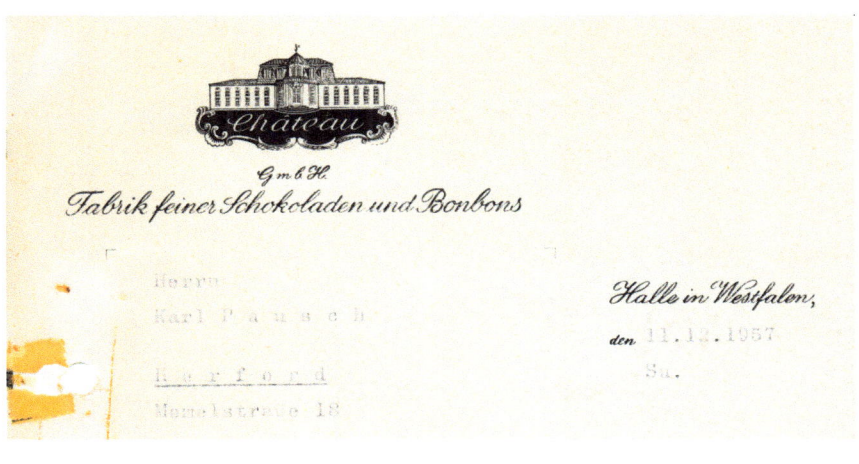

Hans **Imhoff**

SCHOKOLADEN- PRALINEN- UND KAKAOFABRIK

⌐ SCHOKOLADEN- PRALINEN- UND KAKAOFABRIK ¬

Herrn
Karl Pausch
Graphiker

Herford (Westfalen)
Hanselstr. 14

Telefon: Bullay 634, 633, 623
nach Geschäftsschluß 634
Drahtanschrift: Imhoff Bullay
Fernschreiber: Nr. 0442 899
Bahnstation: Bullay-Mosel DB
Kreissparkasse Zell-Mosel 2910
Südd. Bank A. G. Zell-Mosel 8000
Bankh. Schacht & Co., Düsseldorf 2356
Postscheckkonto: Köln 1254 19

BULLAY - Mosel

den 14.5.1957

SEIT 1852

Lohmann

KAKAO · SCHOKOLADE · PRALINEN

Herrn
Karl Pausch
Gebrauchsgraphik

Herford
Hanselstr. 15

EMMERICH/RH.

IHR ZEICHEN   IHRE NACHRICHT   UNSER ZEICHEN   TAG

Julius Nolting-Schokoladenfabrik

Herrn
Karl Pausch
Maler + Graphiker

Herford
——————————
Haselweg 14

KAKAO- UND SCHOKOLADENFABRIK

R.-Bt. Nr.: 0/0535/9000 / Bankkonten: Stadtsparkasse / Deutsche Bank AG. / Postscheckkonto: Essen 360 57
Bahnstation Mülheim (Ruhr)-Saarn

Firma

Oro-Druck
Graphischer Betrieb

Häger/ü. Bielefeld

Mülheim (Ruhr)
Postfach 616
Ruf: 4 86 64/65
Fernschreiber: 0 856 830
Markenstraße 31

den 28.6.1961

Bet. hr Schreiben vom   Ihr Zeichen

Unser Zeichen
Bas.

Schokoladen Pralinen Zuckerwaren **Wissoll** Cacao
WILH. SCHMITZ-SCHOLL
• MÜLHEIM-RUHR •

Firma
Karl Pausch

Herford/Westf.

• IHR ZEICHEN • IHRE NACHRICHT VOM • MEIN ZEICHEN • (22a) MÜLHEIM RUHR, WISSOLLSTR. 5-19 •
                    B VI/A3 cl/Li.-   1.1o.57

Julius Nolting-Schokoladenfabrik

Herrn
Karl Pausch
Maler + Graphiker

Herford

Haselweg 14

FRITZ HOMANN A·G.

MARGARINE-WERKE *Diſſen* TEUTOBURGER WALD

FERNRUF: AMT DISSEN NR. 511–514; AMT OSNABRÜCK NR. 6773; AMT BIELEFELD NR. 54494
FERNSCHREIBER: 094751 · TELEGRAMM-ADRESSE: TW 094751 HOMANNDISSEN
GIROKONTO NR. 265/84 LANDESZENTRALBANK OSNABRÜCK · POSTSCHECK: HANNOVER NR. 2724

Herrn

Karl Pausch

Herford i.W.
Memelstr. 18

㉓ DISSEN (TEUTOBURGER WALD)
BAHNSTATION: DISSEN-BAD ROTHENFELDE

3. Februar 195.

bau? um

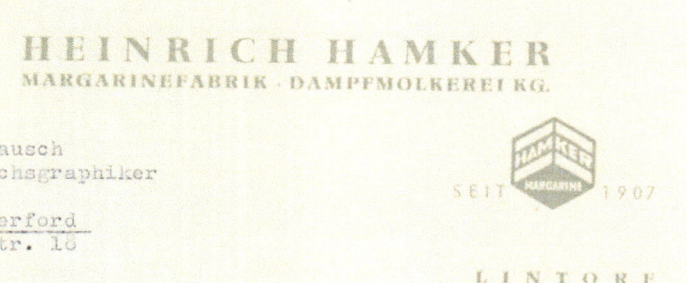

HEINRICH HAMKER

MARGARINEFABRIK · DAMPFMOLKEREI KG.

Herrn
Karl Pausch
Gebrauchsgraphiker

(21) Herford
Memelstr. 18

SEIT 1907

LINTORF
Bezirk Osnabrück

Ihr Zeichen	Ihre Nachricht vom	Unser Zeichen	
		Ko/He.	14. 3. 60

Nachwort | Dank

Die Arbeit an dem vorliegenden Text, vor allem aber die damit verbundene Durchsicht des Nachlasses und der Sachrecherche, war zugleich eine Rückkehr in die eigene Vergangenheit, wie sie wohl jeder ältere Mensch gelegentlich vollzieht. Dies hängt allerdings auch damit zusammen, dass der Autor in jungen Jahren regelmäßig in den Arbeitsprozess des Vaters eingebunden war. Arbeit und Wohnen war in räumlicher Nähe verknüpft, wie es heute nur noch selten der Fall ist.

Dank richtet sich vor allem an Silvia, die mich immer ermutigt hat, solche Arbeiten zu verfolgen und die in vielen Gesprächen die Lebensverhältnisse in ihrer eigenen Familie während der 1950er und 60er Jahre schilderte – sowohl ein Kontrast wie auch eine Spiegelung der eigenen Erfahrungen. Dank auch für die Geduld, wenn die Arbeit an dem Bändchen gelegentlich gemeinsame Aktivitäten bis hin zum Tagesablauf prägte.

R.P.

Karl Pausch | Schriftsetzer Maler Grafiker